Panagiotis Antonopoulos

Perigo inicial Fé perdida

Panagiotis Antonopoulos

Perigo inicial Fé perdida

Itália entre bizantinos e lombardos nos primeiros anos da colonização lombarda, 568-608 d.C

ScienciaScripts

Imprint
Any brand names and product names mentioned in this book are subject to trademark, brand or patent protection and are trademarks or registered trademarks of their respective holders. The use of brand names, product names, common names, trade names, product descriptions etc. even without a particular marking in this work is in no way to be construed to mean that such names may be regarded as unrestricted in respect of trademark and brand protection legislation and could thus be used by anyone.

Cover image: www.ingimage.com

This book is a translation from the original published under ISBN 978-3-659-29229-3.

Publisher:
Sciencia Scripts
is a trademark of
Dodo Books Indian Ocean Ltd. and OmniScriptum S.R.L publishing group

120 High Road, East Finchley, London, N2 9ED, United Kingdom
Str. Armeneasca 28/1, office 1, Chisinau MD-2012, Republic of Moldova, Europe
Printed at: see last page
ISBN: 978-620-8-09588-8

Índice:

PERIGO PRECOCE PERDEU A FÉ:

Itália entre bizantinos e lombardos nos primeiros anos
da colonização lombarda, 568-608 d.C.

Panagiotis Antonopoulos

PREFÁCIO

Tendo já escrito uma monografia sobre um tema totalmente relacionado com os Lombardos, um estudo sobre a personalidade e o reinado do rei Cunincpert (680-700 d.C.), não é de estranhar que este povo germânico, que iria dominar a história italiana durante uma boa parte da primeira Idade Média, continuasse a atrair a minha atenção. Era, portanto, uma questão de saber o que viria a seguir. A ideia veio do meu antigo Doktorvater, Prof. Evangelos Chrysos, que expressou o seu desejo não realizado de analisar os primeiros anos da presença lombarda em Itália. Aceitei a tarefa, mas com um ligeiro desvio. Ele poderia ter-se debruçado mais sobre a perspetiva bizantina do que eu. Em vez disso, o meu interesse principal reflectiu-se na própria Itália, na sua população e clero, no papado e nos seus administradores imperiais. Para além disso, tentei olhar mais de perto para as personalidades dos primeiros quatro reis lombardos, bem como para os seus chefes. Nesta tarefa, foi-me muito útil o facto de ter estado simultaneamente a ensinar e a investigar Bizâncio e o Ocidente, particularmente a primeira Idade Média. Escusado será dizer que lhe estou profundamente grato por me ter incitado a empreender esta tarefa, que se revelou bastante difícil, devido à escassez de informação fornecida nas fontes disponíveis. Há, no entanto, uma exceção significativa a esta tendência. Trata-se das cartas do papa Gregório Magno (590-604), que estudei na íntegra, para melhor compreender os actores, o seu mundo e os perigos que os rodeavam. Espera-se que esta mina de informação seja tratada num projeto futuro, visando uma tradução crítica para grego.

É de lamentar que as condições actuais e a minha deficiência visual me tenham impedido de examinar toda a bibliografia relevante com calma, e só podemos esperar que nada de importante tenha ficado de fora deste volume. O mapa de Itália que se segue ao índice foi retirado do meu livro anterior sobre Cunincpert, e é uma reprodução do Early Medieval Italy de Chris Wickham. Gostaria de agradecer mais uma vez ao Prof. Wickham a sua autorização original para me deixar reproduzir o mapa.

Estou igualmente grato ao meu aluno de doutoramento, Evangelos Andreou, pela organização dos aspectos visuais deste livro, bem como pela compilação do índice e da tabela de conteúdos e pela verificação de eventuais erros. Os meus agradecimentos vão também para o meu colega e amigo Prof. Ilias Yarenis, da Universidade Jónica de Corfu, e para o nosso estudante de pós-graduação em Ioannina e amigo pessoal, Christos Aggelopoulos, bem como para o meu amigo Dr. Ilias Nesseris, atualmente em Viena, por me ter fornecido a paginação exacta das referências I a que não tinha acesso.

Por último, os meus agradecimentos vão também para o meu editor, Lambert Academic Publications, pela sua disponibilidade para aceitar a publicação deste estudo.

Panagiotis Antonopoulos, Ioannina, 5 de dezembro de 2015

Mapa de Itália em 700 d.C.
Reproduzido com a gentil autorização de Chris Wickham, *Early Medieval Italy, Central Power and Local Society, 400-1000*, [New studies in medieval history], McMillan Press, Londres & Basingstoke, 1981.

PARTE 1

ANTES DA CRISE: A ITÁLIA NO RESCALDO DA CRISE
GUERRA GÓTICA

A recuperação da Itália dos ostrogodos tornou-se uma questão dolorosa e duramente conquistada pelo Estado bizantino, e pelo governo de Justiniano em particular. No entanto, e apesar das misérias sofridas por todos os sectores da sociedade, parece ter havido uma sensação de alívio em 554, ano em que foi proclamada a *Sanctio Pragmatica*, a Novela pela qual foi oficializada a incorporação da Itália no império. A euforia de um futuro esperançoso reflecte-se nas palavras de um cronista, que fala do restabelecimento da "antiga alegria = *pristinum gaudium*".[1] Mas não foi para durar.

A imprevisível invasão lombarda que se seguiu catorze anos mais tarde, e que causou imensa agitação na península, tornou-se o bode expiatório óbvio para esta situação. Um novo parvenu germânico, profundamente apegado aos seus valores tradicionais e pouco familiarizado com os vestígios da cultura e da administração romanas que eram os ostrogodos, passou a dominar a maior parte do norte de Itália e da península num espaço de tempo relativamente curto. Utilizei o termo "bode expiatório", não subestimando os danos significativos causados a todos os níveis da sociedade, mas porque os estudiosos se tornaram recentemente cada vez mais conscientes dos factores internos que provocaram o desaparecimento do *gaudium pristinum*, aos quais a invasão lombarda apenas acrescentou um trágico crescendo. Mas os factores internos, como a economia, a administração e, sobretudo, o cisma dos Três Capítulos, tinham preparado o caminho *a priori*.

No plano económico, parece que a rápida incorporação da Itália no sistema fiscal do Império não teve em conta a situação do pós-guerra, em que as importações de géneros alimentícios eram difíceis, a mão de obra era escassa e os proprietários rurais não conseguiam produzir cereais em quantidade suficiente para manter a suficiência alimentar.

Muito se tem dito a respeito do padrão de administração que se estabeleceu após a guerra. As reformas de Justiniano, visando soluções mais económicas, foram amplamente criticadas pelos contemporâneos e especialmente por Procópio, nos *Anedota*.[2] Mas a formação de um governo político e militar, sob a égide de um oficial militar, fazia certamente sentido para uma região ainda sob a ameaça potencial do norte, para não falar dos próprios aliados de Bizâncio, os francos. Uma vez que vários dos líderes militares também mantiveram o título político de pretoriano e que os oficiais posteriores eram simplesmente referidos como *praefecti*, temos de assumir que o título tinha um significado honorário e não real. Se aceitarmos este pressuposto, podemos concluir que as funções da prefeitura pretoriana, muitas vezes de menor importância, eram atribuídas aos funcionários com o título de prefeitos, mas como uma dignidade puramente ornamental, uma opinião que vai contra a expressa por T.S. Brown, que defende que a dignidade permaneceu intacta como tal, embora com uma redução e obscuridade de funções.[3]

A evolução da vida urbana teve também um papel a desempenhar, numa região profundamente marcada por uma longa existência de instituições de poder local e pela formação de muitos centros de influência a vários níveis de prestígio político e económico. As instituições e dignidades locais, como os *curiais* e os *magistrados*, foram orientadas para a absorção pelos governadores militares ou para uma reavaliação do seu papel, e não para a extinção. Entretanto, foram os factores locais que determinaram a capacidade de uma cidade afirmar uma certa continuidade institucional, como a presença de uma administração militar forte e de proprietários ricos, como no caso de Ravena, a presença de um episcopado forte, como em Roma e nas cidades da Campânia e da Sicília, ou a riqueza comercial, como no caso de Nápoles. As cidades do norte de Itália foram as que mais sofreram, mas gostaria de argumentar que, apesar da devastação causada pela invasão lombarda, foram mais capazes de desenvolver uma nova identidade própria sob o domínio lombardo, o que, a

[1] T.S. Brown, 2, nota III. A crónica relevante é a *Auctarii Havniensis Extrema*, ed. T. Mommsen, MGH AA, ix (Berlim 1892, 337-9). T. Mommsen, MGH AA, ix (Berlim 1892), 337-9.
[2] Historia Arcana, cap. 24 l. 9-10, pág. 147, cap. 25 l. 148-9.
[3] Brown, 1-12.

longo prazo, ajudou à sua transformação num modelo protomedieval mais viável.[4]

Se os factores sociais e económicos desempenhavam um papel prático importante, havia uma dimensão espiritual que se revelou crucial no desenrolar da invasão e do estabelecimento dos Lombardos. Foi a *controvérsia dos "Três Capítulos"*. Tratou-se da tentativa mal concebida do imperador Justiniano (527-65) de reduzir o fosso entre calcedónios e monofisitas, atacando três escritores eclesiásticos do século anterior como seguidores de Nestório, cuja seita tinha sido condenada por ambas as partes. Apesar da grande oposição dos bispos ocidentais, que consideravam que nada havia de contrário à ortodoxia, o papa Vigílio (537-55) foi persuadido a aceitar a sua condenação durante o Quinto Concílio Ecuménico de Constantinopla (maio de 553). Apesar do seu arrependimento, esta ação afastou o papado de muitos dos bispos ocidentais, nomeadamente em África e no norte de Itália. Os papas posteriores mantiveram uma posição ambivalente, mas inclinaram-se para a aceitação da posição do Quinto Concílio Ecuménico, obviamente conscientes da necessidade que tinham do Império, entre cujos funcionários se contavam. Mas a crise lombarda reforçou a resistência entre os centros que apoiavam a aceitação dos Três Capítulos, nomeadamente em Aquileia e Milão. Enquanto existia um forte elemento ariano no poder, mesmo pagão segundo alguns estudiosos, havia pouca necessidade de corrigir esta deriva e, como espero mostrar, esta situação ajudou muito os recém-chegados. Com o firme estabelecimento da chamada dinastia bávara, e especialmente durante o reinado dos reis Perctarit (671/2-688) e seu filho Cunincpert (688-700), uma tentativa séria de estabelecer
O catolicismo como religião única dos romanos e dos lombardos, o que levou à submissão final de Aquileia e à unificação da Igreja, após o Concílio de Pavia, em 698.[5]

Assim, a invasão lombarda chegou no pior momento possível, tanto para Bizâncio como para o papado. A desordem geral ajudou os invasores a instalarem-se no país, que, em grande medida e paradoxalmente, encontrou um novo sentido de identidade, desde que as várias regiões se submetessem ao novo status quo. Coube a Bizâncio e ao papado assumir a luta defensiva, e mesmo agressiva, que começou sem o seu requisito primordial, ou seja, a salvaguarda da unidade interna. Nestas circunstâncias, os acontecimentos passaram por várias fases, com factores internos e externos a complicarem cada vez mais um quadro relativamente simples. Nas páginas que se seguem, tentar-se-á delinear e retratar essas fases e as atitudes consequentes, concentrando-nos, tanto quanto possível, nas reacções locais italianas.

---

[4] Castanho, 14-20.

[5] Para a avaliação mais recente, Chazelle & Cubitt, especialmente Sotinel, Os Três Capítulos e as Transformações de Itália, nas páginas 85 e seguintes, Claudio Azzara Il regno longobardo in Italia e i Tre Capitoli, nas páginas 209 e seguintes, e Walter Pohl, Heresia em Secundus e Paulo Diácono, nas páginas 243 e seguintes.

PARTE 2

ENFRENTAR A NOVA CRISE

Capítulo 1

A invasão

A invasão lombarda de 568 pode ser considerada como uma das mais nefastas jogadas da fortuna na história italiana e bizantina. Surgiu de forma inesperada, devido a condições imprevisíveis, num momento de merecida recuperação, precisamente quando se faziam ténues tentativas para reduzir a estagnação económica. Foi esta reviravolta do destino que deu um novo e mais duradouro impulso à história italiana, tornando-se precursora das eventuais divisões regionais do país, que permanecem tão vivas mesmo no moderno Estado italiano. Para Bizâncio, foi um choque, agravado pelo facto de, demonstrando excesso de confiança em si próprio, ter tentado refreá-lo rapidamente, apenas para se aperceber de que se tratava de uma nova realidade, com a qual teve de viver desde então. Para os francos, foi também uma oportunidade de mobilização que acabou por garantir o seu domínio sobre o norte e o centro de Itália, bem como a sua cooperação e controlo do crescente poder papal. Apesar da retórica e das várias referências, não é fácil apreciar os sentimentos italianos locais, uma vez que estavam em jogo a classe, o dogma, a atitude regional e a lealdade para com o império. Estes são aspectos que devem ser analisados um a um, e as páginas seguintes serão dedicadas a essa tarefa.

Os acontecimentos em si não foram devidamente explicados. Como razão para a invasão, a suposição tradicional é que, considerando os antigos aliados vizinhos, os Avares, demasiado fortes, o rei lombardo Alboin decidiu que os Lombardos estariam muito melhor como residentes em Itália. É precisamente este ponto de vista que precisa de ser discutido, tanto em termos de crítica das fontes como da aplicação da mera lógica.

Não há dúvida de que, por volta de 568, os ávaros estavam na ascensão do seu poder, e a sua cooperação mútua com os lombardos, que provocou a ruína dos gépidas, foi mais vantajosa para eles do que para os seus aliados, uma vez que se tornaram o povo mais forte da Panónia. Também não há dúvida de que, com a emergência do seu poder, os povos vizinhos, incluindo os lombardos, se teriam sentido bastante inseguros. Mas a decisão de procurar um habitat mais seguro em Itália é igualmente problemática.

Para começar, é duvidoso que os Alpes pudessem constituir um baluarte protetor seguro contra as invasões vindas do Norte. Os próprios Lombardos entraram no país através do Friuli, o seu extremo nordeste, que tem fácil acesso à planície da Panónia. Esta mesma região viria a ser invadida pelos próprios Avares alguns anos mais tarde, no início do século VII. Em segundo lugar, os Lombardos eram também aliados de Bizâncio, que, apesar dos seus problemas e declínio recentes, foi sempre uma potência forte e o único império da Europa. Não há qualquer razão plausível para sugerir que os Lombardos contaram com a fraqueza bizantina para invadir o território aliado. Se acabaram por conseguir estabelecer um Estado em solo italiano, isso deveu-se à sua boa sorte e à boa conduta dos seus governantes. Devem também estar cientes de que o ataque frontal ao território aliado trouxe mais jogadores para o jogo, como os francos, os saxões e outros povos. Por último, invadiram uma região financeiramente debilitada, exatamente no momento em que esta tentava recuperar. Se tinham conhecimento da migração ostrogótica cerca de 85 anos antes, deveriam também ter em conta o facto de os godos terem chegado como aliados e não como invasores. A sua invasão é, portanto, uma questão de especulação que não pode ser facilmente explicada. É também importante ver o que dizem as nossas fontes e se os seus comentários podem conduzir a uma interpretação sensata.

O *Origo Gentis Langobardorum*, composto durante o reinado do rei Perctarit (671/2-688), embora breve e escasso em pormenores, é importante, pois é o primeiro relato histórico sobrevivente da tradição lombarda.[6] Explicando a decisão do rei Alboin (d572) de conduzir o seu povo para Itália, afirma que a sua ação foi decidida por instigação de Narses, o general de longa data e fiel a Justiniano: *Ipse Albuin adduxit langobardos in italia, invitatos a narsete scribarum; et movit albuin rex langobardorum de pannonia mense aprilis a pascha indictione prima.*[7] O *Origo* é a única fonte que utiliza o termo *scribarum*, ao contrário das

[6] A sua edição mais recente, com tradução italiana de Bracciotti.

[7] *Origo*, cap. 5, l. 12-14.

restantes fontes que utilizam o termo mais técnico *chartularius*. Uma pesquisa nos dados existentes na Monumenta Germaniae Historica eletrónica, mostra apenas que o termo é usado para significar um escriba puro e simples, e não engloba os méritos mais profissionais de um notário, ou de um chartulário. É de supor, portanto, que o compilador do *Origo* não tenha entendido nenhum destes termos, ou pelo menos o de *chartularius*, e se tenha limitado a utilizar o termo mais familiar para ele, mas pouco digno de Narses, *scriba.*

Contrariamente a estes títulos, as fontes bizantinas utilizam um *Cursus Honorum* diferente para o famoso general. Foi *spatharius* de 532 a 536, antes de ser proclamado *praepositus sacri cubiculi* por Justiniano, dignidade que exerceu de 537 a 539, o que significa que realizou todas as suas grandes expedições com este cargo. É difícil combinar estas duas tradições diferentes, mas o relato bizantino parece muito mais lógico. No entanto, o facto de Narses ter sido mantido como líder militar e político em Itália explicaria uma possível associação sua com a burocracia civil, o que explica por que razão as fontes ocidentais insistem num papel de escriba e não de cortesão no início da sua carreira.

Curiosamente, é uma fonte franca, e não lombarda, que dá início ao longo rasto de uma história, que aparece em duas variações e é continuamente repetida quase na íntegra em fontes ocidentais ao longo dos séculos, mas que também encontra o seu caminho numa fonte bizantina. A crónica de Fredegarius Scholasticus, do final do século VII/início do século VIII, uma das fontes mais influentes e intrigantes do início da Idade Média, relata que a imperatriz Sofia ameaçou Narses e exigiu que ele, uma vez que era eunuco, regressasse a Constantinopla e se mudasse para os aposentos das mulheres. Com medo, Narses partiu para Nápoles, só regressando a Roma com a escolta pessoal do Papa. Entretanto, e na sequência dos insultos de Sofia, convidou os seus antigos aliados, os Lombardos, a entrarem em Itália e a aproveitarem os ricos solos do país. Segundo Paulo, o Diácono, que relata a história numa versão ligeiramente alterada, Narses foi chamado ao palácio para se encarregar das actividades de tecelagem das mulheres.[8] Curiosamente, esta história aparece num famoso tratado bizantino do século X, conhecido como *De Administrando Imperio*, escrito sob os auspícios do imperador Constantino VII Porphyrogennitus (944-959).[9] Ao contrário da coerência da narrativa de Paulo, a de Constantino está cheia de imprecisões. Para começar, Constantino menciona que foi a imperatriz Irene (imperatriz única 797-802) que se enfureceu contra Narses. Constantino cita também como contemporâneo o papa Zacarias (741-52), que sabemos ter sido o último papa grego, nascido em São Severino, perto de Benevento, mas que certamente não era ateniense, como consta no DAI. O erro parece ter surgido do facto de Irene ser ateniense, título que (acidentalmente?) foi atribuído ao papa. Desta forma, porém, torna-se claro que a referência é a Irene, a governante conhecida, e não a uma das esposas do imperador Constantino V (741-75), contemporâneo do papa Zacarias. Em todo o caso, segundo Constantino, não é oferecido a Narses o lugar de chefe da casa das mulheres, mas sim um fuso e um rolo, e ele é convidado a participar no processo de tecelagem. Perante esta proposta, Narses respondeu que o que ele ia fiar, os romanos não conseguiriam dissolver. Foi então que enviou ricas porções de fruta aos Lombardos, convidando-os a deixar a pobreza da Panónia e a descer para a rica Itália, repleta de produtos agrícolas. Mas o final é interessante, pois Constantino relata que assim os lombardos desceram sobre a Itália e ocuparam Benevento, episódio descrito com mais pormenor.

O facto de a narrativa subsequente dizer respeito a acontecimentos no sul, mostra que o relato registado neste momento teve origem na corte de Beneventa ou de Capuã. No entanto, é notável que, dois séculos após os acontecimentos, se tenha fabricado uma história de traição por parte de Narses para justificar a invasão lombarda de Itália. É questionável, a meu ver, sugerir que Paulo tenha apanhado esta história ainda em Friuli. Uma vez que passou os seus últimos anos em Montecassino, onde as tradições benévolas eram bem conhecidas, não há razão para que a história não tenha sido recolhida no Sul ou, como se verá mais adiante, durante alguns anos na corte carolíngia. Temos, portanto, de recorrer a outras fontes e comparar os seus relatos.

As partes menos glamorosas desta história, em que Narses procura a ajuda do papa para apaziguar o imperador Justino II, depois de os romanos o terem acusado (erradamente, como a nossa fonte indica) de avareza e opressão, aparecem no *Liber Pontificalis*, como parte da biografia do papa João III. Segundo a

---

[8] *HL* II 5; cf. *DAI27*. Ver também Garland, 1999, 49, l. 14-36.

[9] *DAI*, cap. 27, 114-6.

narrativa, o papa aceitou intervir a favor do general, o que corrobora as referências à piedade de Narses. No entanto, uma vez que a compilação original do *Liber Pontificalis* se situa em meados do século IX, ou seja, após a morte de Paulo, e que os aspectos mais glamorosos da história de Narses não são mencionados, é de supor que o conto não era muito conhecido na própria Roma, ou que o compilador o considerou irrelevante para a sua tarefa. Na minha opinião, esta ausência reforça a possibilidade de o conto insultuoso ter circulado nos círculos benfiquistas, onde Paulo o terá recolhido. A mesma narrativa não relaciona a invasão lombarda com nenhum dos pormenores acima descritos, mas dá a entender as misérias que causaram a Itália.

Para a fonte seguinte na ordem cronológica, a *Historia Langobardorum Codicis Gothani*, que é uma versão reformulada do início do século IX do anterior *Origo Gentis Langobardorum*[10] , a invasão foi instigada a convite de Narses, que estava em desacordo com Sophia. Mas há uma parte fantasiosa, que afirma que Narses se mudou para Espanha para evitar a perseguição:

Iste albuin movit et adduxit langobardos in italia, invitatus ad narside proconsule et praeside gobardos in italia, invitatus ad narside proconsule et praeside ui minas suffiae reginae erat perterritus...Nam narsis proconsul italiae, si quid eorum promiserat, relinquens italiam, ad spaniarum provinciam est reversus.

Embora os termos *procônsul* e *présidio*, aqui utilizados, estejam desactualizados, reflectem, a meu ver, uma certa ideia do verdadeiro estatuto de Narses como chefe de governo em Itália, por parte do autor, que trabalha sobre um texto diferente do *Origo* sobrevivente. A riqueza dos frutos é substituída por leite e mel, mais o bónus do batismo, que reflecte as atitudes carolíngias do autor.

A breve crónica de finais do século IX de André de Bérgamo,[11] que se refere principalmente a factos relativos à Itália pós-Carolíngia, começa com um resumo da narrativa de Paulo sobre a invasão da Itália. A hostilidade de Sofia para com Narses é brevemente relatada, juntamente com a história da repartição dos trabalhos nos aposentos das mulheres. Mas também combina a parte constantiniana da resposta, na qual ele afirma que o que ele deveria girar, não poderia ser resolvido durante a vida de Sophia: *Narsis patritius Romanorum bella sustinuit, et eos semper defendit, invidia Romani contra eum pertulit, ad Iustinianum imperatorem acusaverunt; qui et ipse augustus et Sophia, uxor eius, mandans ei, quia eunuchus erat, ut ad se veniret et lana in genitio per pensione dividere. Narsis vero patritius sic ei mandans, non tantum se lana dividere, sed etiam talem telam orditurum, quale ipsa dum viveret deponere non possit.* Se esta última parte se desvia da narrativa de Paulo, então podemos concluir que, apesar da sua proveniência do norte de Itália, André conhece o mesmo relato, ou um relato semelhante, do sul de Itália, com o qual Constantino está familiarizado.

Muito mais risonho é o quadro retratado numa crónica conhecida como *Chronicon de S. Bento de Montecassino*, que reflecte os interesses monásticos e benévolos locais.[12] Narses é o herói das guerras góticas, que, devido à sua longa associação com os Lombardos como seus aliados, os convidou a virem para Itália e a desfrutarem dos frutos dos ricos solos do país: *Paululum aliquid et de Langobardorum gente, quomodo in Italiam properavit commemorandum est. Narsis quoque patricius pro Gothorum gente, quae Hitaliam invaserat, Langobardos federatos elegit et cum Grecis suis pariter ac Romanis ab eisdem finibus hoc est Romanorum terminos, pepulit Gothos. Qui Narsis Neapolim residens, legatos ad Langobardorum gentem, dirigit, mandans, ut paupertina Pannonie rura desererent et ad Italiam cunctam refertam divitiis possidendam possit inlicere. Langobardi vero laeta nuntia et quae ipsi praeoptabant gratanter suscipiunt deque futuris commodis animos attollunt.* Não há qualquer vestígio das divergências entre Narses e o governo imperial de Constantinopla, e a sua ação parece ser inteiramente frívola, uma vez que os Lombardos procedem alegremente, não para participar numa coabitação próspera, mas numa invasão miserável e destrutiva.

Vejamos agora as várias partes desta história que se tornou tão popular no Ocidente. Para começar, há poucas dúvidas de que as relações entre Narses e o casal imperial, Justino e Sofia, estavam longe de ser cordiais. A maioria das fontes apresenta uma razão para este facto, que era a queixa dos romanos de opressão por parte dos patrícios e a sua intenção de se renderem às *gentes*, nomeadamente aos godos, em vez de tolerarem o poder dos gregos. Mas quais godos? Os ostrogodos já não eram uma entidade, e os visigodos de

---

[10] Editado por Georg Waitz, MGH SS rer. Lang., 5-11.
[11] Andreas Pergamensis, *Historia* (MGH SS rer. Lang., pag. 222-30).
[12] *Chronica Sancti Benedicti Casinensis*, MGH SS rer. Lang., 468-488.

Espanha, para além de estarem demasiado longe, eram ainda arianos. Na altura, parece não ter havido outras *gentes* que os romanos pudessem considerar seriamente como possíveis substitutos do império. O domínio gótico, apesar dos seus méritos, não era um mel para a Itália e, no preciso momento em que se assiste a uma lenta e desejada restauração da prosperidade, tal ação seria, no mínimo, insensata.

A utilização do termo *Graeci* é igualmente suspeita, pois trata-se de uma referência clássica carolíngia e pós-carolíngia a Bizâncio. Por isso, não existe tal terminologia nas páginas de Fredegar. O facto de o próprio papa, defensor da política e dos sentimentos romanos, chegar ao ponto de correr para Nápoles e escoltar Narses de volta à cidade eterna, só mostra, a meu ver, que, se tal queixa contra ele foi encenada pelos romanos, não era universal e representava apenas uma fração do povo. As queixas romanas parecem fazer sentido para estas fontes posteriores, porque se afirma que Narses foi imediatamente substituído por Longino.[13] Embora isto possa ser considerado como uma prova de que Narses estava em desgraça, é mais provável que a sua substituição se deva à sua idade (afinal, era um nonagenário) do que a qualquer apelo bem sucedido dos romanos. Longino, apesar de não ter o pedigree do seu antecessor, pode ser creditado com alguns projectos bem sucedidos. Há alguns indícios de restauração das muralhas de Roma.[14] Mas este facto, aliado a uma possível aversão imperial, não significa que a ameaça dos romanos não tenha sido levada a sério, se é que alguma vez foi colocada.

O conto relativo aos comentários insultuosos de Sofia ao ilustre general é o mais interessante, no sentido em que deve ter surgido no final do século VI ou no início do século VII. Aparece pela primeira vez numa fonte franca distante e é reproduzido em duas variações. Na primeira, Narses é chamado aos aposentos das mulheres como distribuidor de trabalhos de tecelagem entre as raparigas, em nítido contraste com a sua grande habilidade como general e, possivelmente, como administrador. Na segunda, é-lhe oferecido um fuso de ouro e é-lhe pedido para tecer em vez de governar. A resposta de Narses é que o que ele tecerá para ela, ela não poderá desfiar para o resto da vida. Esta foi a principal desculpa, segundo reza a história, para convocar os Lombardos para Itália. A narrativa de Constantino, seguindo a segunda variante, está diretamente ligada à queda de Benevento, o que indica que a história foi recolhida através de informadores do Sul de Itália. No entanto, o facto de uma fonte franca relatar a mesma história, embora com menos cor, cerca de 80 anos antes de Paulo, o que significa que deve ter tido origem no Norte, possivelmente nem sequer entre os Lombardos, mas na corte franca, pode apontar para outras razões.

Todas as nossas fontes referem que Narses pediu ajuda ao rei Alboim contra os Godos, facto também mencionado por Procópio.[15] O rei Alboin, que se mostrou eficaz, manteve boas relações com Narses durante a guerra e o posterior domínio da Itália. Em contrapartida, no ano de 554, Narses teve de lutar contra o irmão do rei franco Theudebert I, Bucellenus ou Butilinus, que tinha capturado grandes partes de Itália, recusando-se a entregá-las aos seus aliados bizantinos nominais. Diz-se mesmo que Narses o matou com as suas próprias mãos. Apenas alguns anos mais tarde, teve de lutar contra outro duque franco, o duque Amingus, que continuava a encorajar as insurreições góticas na região em redor de Verona.[16] Podemos, portanto, especular que não foram os lombardos, mas sim os francos que tinham todas as razões para difamar o famoso general e que, tendo em conta as suas relações estreitas com o casal imperial de Constantinopla, deixaram que esta história circulasse nos bairros francos, onde foi recolhida por Fredegar[17] , e que se espalhasse para sul, para o reino e os ducados lombardos.

Mas também os Longobardos tinham todas as razões para avaliar o aparecimento desta história, porque ela branqueava a sua incursão em Itália, pois foi Narses, segundo reza a história, magoado com os insultos de Sofia, que apelou aos Longobardos e ao seu rei Alboin para que abandonassem a pobre Panónia e passassem a desfrutar das riquezas de Itália. Se Narses pretendia realmente lutar ao lado e pela causa dos Lombardos,

---

[13] *PLRE* III, 797.

[14] *PLRE* III, 797.

[15] Procopii Caesariensis, De Bello Gothico III, cap. 2, pág. 34 l. 6-39, cap. 2, pag. 45 l. 6-39.

[16] Mitchell & Wood, 2002, 138-9.

[17] A questão da autoria única ou múltipla da crónica é muito intrigante. Para uma opinião atual a favor da autoria única, também apoiada pelo presente autor, cf. Goffart 1963, 206-241.

deveria ter-se deslocado para norte e tentado juntar-se a eles, uma vez que marchavam para sul. Em vez disso, foi para a Campânia e o Papa apressou-se a chamá-lo de volta a Roma. Apesar do facto de Longino ter servido fielmente o casal imperial, não há notícia de um confronto entre os dois generais. Isto significa que Narses não foi responsável por este acontecimento, ou porque não fez qualquer esforço de intervenção na administração imperial de Itália, ou porque era demasiado velho para tomar qualquer medida. Neste último caso, a nomeação de Longino parece ser sensata, se bem que inábil.

Totalmente irreal parece ser a desculpa apresentada pelas fontes, relativamente às riquezas do solo italiano. Como já foi referido, a Itália encontrava-se na altura numa situação muito difícil, lutando para começar de novo e necessitando de apoio financeiro do Oriente. Mesmo com solos ricos e produtivos, era necessário um período substancial de recuperação, e Narses não podia ser tão irrealista ao ponto de induzir uma descendência lombarda apenas com base na prosperidade financeira. Não há razões sólidas para duvidar de um convite da sua parte aos Lombardos, não devido às riquezas de Itália, mas à sua necessidade de tropas leais e experimentadas, e os Lombardos tinham, até agora, provado ser ambas as coisas. Se Narses temia incursões francas esporádicas e se a administração central era incapaz de fornecer a Itália com as forças necessárias entre as tropas imperiais, então os lombardos, vivendo em condições precárias na Panónia, eram uma solução satisfatória, como as fases iniciais da migração ostrogótica tinham demonstrado. A questão difícil é a de saber por que razão, em tal caso, todo o povo lombardo, acompanhado por saxões e outros pequenos lotes, se deslocou para Itália, e não apenas uma pequena parte dele. Se era suposto deslocarem-se pacificamente, o que é que correu mal e todo o episódio culminou numa invasão desastrosa? Para tentarmos dar algum sentido a este facto, temos de nos debruçar sobre a personalidade do rei lombardo Alboin.

Alboin pertence às figuras que combinam uma boa estratégia com um toque heroico. Mostrou a sua habilidade na juventude, quando o seu pai Audoin lhe permitiu lutar contra o rei Gepid Thorisind. Alboim destacou-se neste episódio, conhecido como a batalha de Asfeld, e geralmente situado em 552. Matou com as suas próprias mãos o filho do rei, Thorismud, e a sua bravura passou para o folclore lombardo.[18] Conta-se que, quando o rei Audoin recusou o pedido dos seus homens para que Alboin se sentasse ao seu lado ao jantar, recusou-o com o argumento de que, segundo os costumes lombardos, este privilégio só podia ser concedido a quem tivesse as armas concedidas por um rei. Arriscando a sua vida, Alboin conseguiu obter esta honra de Thorisind, cujo filho tinha morto com as suas próprias mãos, e obteve assim o privilégio de jantar sentado à direita do seu pai.[19] Mas os seus feitos heróicos são melhor demonstrados no famoso episódio da sua morte. Trata-se de um conto bem conhecido em todo o mundo germânico, que exerceu grande influência na era romântica, estimulando muitos romancistas e dramaturgos a comporem peças bem conhecidas. A princesa Rosamund, filha do falecido rei Gepid Cunimund, foi tomada como esposa pelo vitorioso Alboin, que, uma vez em Pavia, a convidou a beber de uma taça feita com o esculpido de seu pai. Ela fê-lo, mas ao mesmo tempo decidiu mandá-lo assassinar. Foi conivente com Helmichis, o armeiro pessoal do rei, que sugeriu como executor Peredeo, outro homem corajoso. Obrigou-o a cometer este crime, metendo-se, sem o saber, na cama da concubina e dormindo com ele. Amarrando a espada do rei enquanto este dormia a sesta, atacou-o. Mesmo nesse momento, Alboim lutou corajosamente, sem conseguir levantar corretamente a espada, até ser morto. A taça, no entanto, foi conservada e mostrada a Paulo Diácono durante o reinado do rei Rachis (744-51), que a utilizou como exposição.

O único relato de Alboim nas fontes bizantinas vem da pena do historiador de finais do século VI Menandro Protetor e da sua história, que apenas sobrevive em forma fragmentária.[20] O comportamento de Alboim não tem nada de heroico, mas, de certa forma, o fragmento de Menandro mostra as suas capacidades políticas. Alboim, descrito como *pdvapxoq* = governante, incita os Avares a estabelecerem uma aliança comum contra os Gépidas, o seu objetivo direto, e indiretamente, contra os Romanos. Em primeiro lugar, Alboim aceitou oferecer um décimo do seu gado aos Avares e dividir por metade as terras dos Gépidas, caso estes as

---

[18] Sarantis, 2011, 15-40, aqui na pág. 35.
[19] *HL*, SS rer. Germ. 48, *Lib.* I, cap. 23-4, pag. 70-1. Uma análise do papel de Alboin em Paul the Deacon e no poema medieval alemão *Alboin bei Thorisind* é tentada por Wagner, 1982, 243-255.
[20] Menandro, frg. 12, 1-2, 128-130.

conquistassem.
Mas, em seguida, solicitou uma aliança a Justino II, precisamente na altura em que os Gépidas a procuravam, prometendo entregar Sirmium, que tinha sido ocupada, e esquecendo o seu perjúrio ao desistir de cumprir a mesma promessa anteriormente. A recusa do imperador em tomar partido no conflito é, por si só, importante, porque sugere um pretexto para a subsequente invasão lombarda de Itália e o medo implícito dos Avares, que teriam ficado descontentes com o envolvimento dos romanos, seus principais adversários, neste conflito. Mas a ação de Alboim foi sensata, pois permitiu isolar Cunimundo que, neste caso particular, ficou sem amigos.

Alboim parece ter sido um general hábil, um guerreiro corajoso e um político inteligente. Embora não se deva ter em conta o facto de Paulo ter participado ativamente na guerra contra Totila, uma vez que esta precedeu em mais de vinte anos o caso de Cunimundo, não há razão para duvidar de uma certa afinidade com Narses. Não é claro se a chegada dos Lombardos a Itália se deveu a um apelo ou ao medo dos seus aliados e vizinhos, os Avares. A capacidade de Alboim é, no entanto, comprovada por alguns dados fornecidos por Paulo Diácono. Em primeiro lugar, antes da partida dos Lombardos, Alboim chegou a um acordo com os Avares para que estes permitissem o regresso dos Lombardos, caso as coisas lhes corressem mal: *Tunc Alboin sedes proprias, hoc est Pannoniam, amicis suis Hunnis contribuit, eo scilicet ordine, ut, si quo tempore Langobardis necesse esset reverti, Reverti, sua rursus arva repeterentsua rursus arva repeterent.*[21] Em segundo lugar, Alboin tomou a precaução de chamar os não lombardos para se juntarem. A referência é feita explicitamente aos "*vetulis Saxonibus*", como afirma Paulo. A razão deste facto é óbvia. A população lombarda era reduzida, e Alboim podia contar tanto com a ajuda militar saxónica como com a fusão numa entidade étnica mais forte, composta por ambos e talvez por outros grupos tribais. Mas o termo *vetulis*, utilizado para designar os saxões, é intrigante. Ao efetuar uma pesquisa do termo nas fontes existentes no EMGH, chega-se à conclusão de que temos um único uso do termo, uma vez que é usado para descrever pessoas idosas ou um nome. No entanto, neste caso, o termo parece refletir o uso do *priscus* mais clássico. Assim, se os saxões que seguiram Alboim eram velhos saxões e certamente não eram velhos por idade, isso deve ser justaposto a um hipotético termo *Novi Saxones*. Mas quem eram estes? Na minha opinião, devem ser identificados com os anglo-saxões, um termo que, se não linguisticamente, estava estabelecido na consciência dos escritores no século VIII, e Paulo achou necessário distinguir entre eles e os seus homólogos continentais. Fazendo uma pesquisa semelhante do termo *anglo-saxónico* nas fontes existentes, verifica-se que Paulo utiliza o termo a propósito da morte em Roma do rei de Wessex Caedwalla (685-689): *His diebus Cedoal rex Anglorum Saxonum, qui multa in sua patria bella gesserat, ad*
Christum conversus Romam properavit.[22] De igual modo, Alcuíno é o outro contemporâneo de Paulo que utiliza o termo: *Synodus, que facta est in Anglorum Saxonia temporibus ter beatissimi et coangelici domini Hadriani summi pontifices et universalis papae regnante gloriosissimo Karolo excellentissimo rege Francorum et Langobardorum seu Patricio Romanorum, anno regni ipsius XVIII, missis a sede apostolica Georgio, Ostiensis episcopo et Theophylacto, venerabili sanctae tudertinae ecclesiae, regnante domino, nostro Iesu Christo in perpetuum, anno incarnationis eiusdem domini nostri nostro Iesu Christo in perpetuum, anno incarnationis eiusdem domini nostril DCCLXXXVI, ind. X.*[23] A implicação é que o termo aparece pela primeira vez no final do século VIII, presumivelmente como um produto da corte carolíngia. Todas as restantes fontes são posteriores e de proveniência francesa ou alemã.

Com este reforço, Alboin avançou para Friuli e Veneza, mas uma vez aí estabelecido, reflectiu sobre se seria melhor avançar para sul ou aproveitar os rios do norte de Itália e, ocupando os centros da fértil planície do Pó, avançar para a costa do Tirreno. Não falhou na sua decisão de seguir esta última via: *Indeque Alboin cum Venetiae fines, quae prima est Italiae provincia, sine aliquo obstaculo, hoc est civitatis vel potius castri Foroiulani terminos introisset, perpendere coepit, cui potissimum primam provinciarum quam ceperat committere deberet.*[24]

---

[21] *HL*, SS rer. Germ. 48, II, cap. 7, pág. 89.
[22] *HL*, SS rer. Germ 48, Lib. VI, cap. 15, 217.
[23] Alcuíno, Epistolae MGH Ep. 4, Epist. 3, pag. 20, l. 1sq.
[24] *HL*, SS rer. Germ. 48, Lib. II, cap. 9, pág. 90.

A habilidade política de Alboim pode também ser vista na sua cuidadosa seleção de um parente de confiança como duque de Friuli, o seu sobrinho (presumivelmente), Gisulf, que, por seu lado, escolheu clãs de confiança para se estabelecerem com ele: *Qui Gisulfus non prius se regimen eiusdem civitatis et populi suscepturum edixit, nisi ei quas ipse eligere voluisset Langobardorum faras, hoc est generationes vel lineas, tribueret.*[25] É desnecessário sublinhar que o Friuli era particularmente crucial para a colonização lombarda, uma vez que controlava as passagens que conduziam da Panónia para Itália. A mesma linha de abordagem deve ter sido seguida com os outros dois fortes ducados, Spoleto e Benevento, embora o seu estabelecimento não seja tão claramente indicado por Paulo, ele próprio um friulano. Pelo menos no caso de Benevento, pode mesmo ser posterior à morte de Alboim.

Além disso, há uma única informação sobre as suas caraterísticas, que o descreve como sendo de estatura nobre e um guerreiro nato: *Fuit autem statura procerus et ad bella peragenda toto corpore coaptatus.*[26]

As restantes fontes não fazem qualquer menção às caraterísticas físicas de Alboim, mas duas delas, o *Origo Gentis Langobardorum* e a *Historia Langobardorum Codicis Gothani*, referem que, após três anos, Alboim se tornou Dominus Italiae: *tertia autem indictione factus est dominus Italiae...et movisse Albuin rex Langobardorum de Pannonia mense Aprile a pascha indictione prima. Secunda vero indictione ceperunt praedare in Italia. Tertia autem factus est dominus Italiae.*[27] Trata-se de um comentário muito interessante, cuja importância é significativa pelo facto de o *Origo* ser a mais antiga das fontes lombardas. Em primeiro lugar, era sabido que os Lombardos apenas detinham parte da Itália, estando em contínuo conflito com os Bizantinos. Isto significa que a aceitação geográfica deste comentário poderia não ter qualquer valor territorial real, como no caso do rei ostrogótico Teodorico, cuja reivindicação territorial abrangia toda a Itália. Assim, se descartarmos esta realidade territorial, devemos assumir que algo de especial aconteceu no terceiro ano da invasão lombarda. Uma vez que Alboim era rei dos Lombardos antes de 568, este acontecimento especial deve estar relacionado com uma espécie de coroação, sugerindo um reconhecimento territorial do seu poder, em oposição ao de um *Volksführer*, um líder do povo Lombardo. O valor deste dado torna-se ainda mais crucial se tivermos em conta o facto de outras entidades tribais, nomeadamente saxões, e depois gépidas, búlgaros, sármatas, panónios, suevos e outros, terem vivido em lugares que lhes foram atribuídos, mesmo nos tempos de Paulo Diácono: *Unde usque hodie eorum in quibus habitant vicos Gepidos, Vulgares, Sarmatas, Pannonios, Suavos, Unde usque hodie eorum in quibus habitant vicos Gepidos, Vulgares, Sarmatas, Pannonios, Suavos, Noricos sive aliis huiuscemodi nominibus appellamus...*[28] Este poderá ser, talvez, o maior feito político de Alboim, pois encontrou uma forma de incorporar todas as entidades existentes nos seus domínios, sem sacrificar a preeminência lombarda. A questão que precisa de ser respondida é porque é que Alboim esperou até ao terceiro ano da sua invasão de Itália para proceder a tal cerimónia. A única resposta plausível, a meu ver, é a incerteza. Alboim abster-se-ia de dar tal passo antes de ter a certeza de que as suas hipóteses de conquistar uma parte considerável, na verdade, a parte mais frugal de Itália, eram suficientemente sólidas. No que respeita aos romanos, se houvesse insatisfação com a administração local, poderia contar com a sua vontade de aderir espontaneamente ao seu domínio, o que não é apoiado pelos dados existentes. Por último, havia um parâmetro político interno a considerar. Os duques lombardos estavam pouco ligados à direção real e, por isso, eram propensos à rebelião. Este ponto foi, na minha opinião, exagerado pelos investigadores modernos, uma vez que não há provas de que os Lombardos alguma vez tenham tido a intenção de abolir a supremacia real, mas sim de derrubar o governante existente. Assim, ao coroar-se senhor de Itália, Alboim pretendia confirmar a sua própria supremacia sobre os duques, cuja falta de coroação os privaria de legitimidade em caso de tomada de poder.

Uma questão importante que requer alguma reflexão é a de saber porque é que Alboin conseguiu invadir o norte de Itália com tanta facilidade e que tipo de situação enfrentou no confronto com os centros urbanos que

[25] *HL*, SS rer. Germ. 48, Lib. II, cap. 9, pág. 91.
[26] *HL*, SS rer. Germ. 48, Lib. II, cap. 28, pág. 106.
[27] *Origo,* cap. 5, pág. 114, l. 14-16; *Historia Langobardorum codicis Gothani,* MGH SS rer. Lang., 5-11, aqui cap. 5.
[28] *HL*, SS rer. Germ. 48, Lib. II, cap. 26, pág. 103.

capturou. Se se parte do princípio de que as cidades do Friuli não eram um alvo difícil, é mais intrigante explicar a fácil queda de Milão, que, desde a época romana, ocupava de longe um dos maiores perímetros urbanos da Europa. A questão da funcionalidade das cidades italianas é crucial para o nosso estudo. Se, no passado, grande parte do seu declínio era atribuído aos Lombardos, a partir dos anos 60 as atitudes começaram a mudar, pois tornou-se claro que, mesmo em perímetros reduzidos, mantinham a sua funcionalidade como centros administrativos locais.[29]

A morte trágica de Alboim pode ser considerada uma dupla tragédia, uma vez que não consta que tenha causado grandes destruições nos territórios que ocupou: *Per hos Langobardorum duces, septimo anno ab adventu Alboin et totius gentis, spoliatis ecclesiis sacerdotibus interfectis, civitatibus subrutis populisque, qui more segetum excreverant, extinctis, exceptis his regionibus quas Alboin ceperat, Italia ex maxima parte capta et a Langobardis subiugata est.*[30] Em contrapartida, o governo de Cléofo (572-74) que se lhe seguiu como rei, bem como o do interregno (574-84), são considerados como o período negro da invasão lombarda. Não só temos relatos de uma destruição maciça de cidades, como é a altura em que as forças bizantinas oferecem uma resistência substancial, enquanto os francos aparecem pela primeira vez como participantes no novo conflito. Entretanto, a selvajaria das campanhas é provavelmente a razão pela qual as cartas papais chamam aos Lombardos "leprosos".

Clefo é uma das figuras menos conhecidas da história lombarda, com apenas breves referências, pouco positivas. Conseguiu chegar ao topo da luta pela sucessão de Alboin, mas não conseguiu impressionar e foi, por sua vez, assassinado um ano e meio após a sua ascensão. De acordo com o *Origo Gentis* Langobardorum[31], governou durante dois anos. O *Origo* utiliza o termo *beleos*.[32] No entanto, é mais provável que Paulo, o Diácono, esteja mais próximo da verdade, quando afirma que Clefe reinou durante um ano e meio. Paulo caracteriza-o como um governante muito cruel que matou muitos homens romanos poderosos ou os colocou em servidão, obrigando-os a fugir de Itália: *Langobardi vero aput Italiam omnes communi consilio Cleph nobilissimum de suis virum, in urbe Ticinensium sibi regem statuerunt. Hic multos Romanorum viros potentes, alios gladiis extinxit, alios ab Italia exturbavit.*[33]

Não restam dúvidas de que Clefo usou de um tratamento arrogante para com os nobres romanos, mas, apesar das singulares referências à mera crueldade, valeria a pena tentar explicar a sua política por razões circunstanciais. Clefo foi eleito após o assassinato do seu antecessor, quando não pertencia à monarquia hereditária que começara a prevalecer entre os Lombardos, embora tivesse uma longa linhagem nobre. Por este facto, não tinha a base firme que Alboin lhe impusera, o que lhe permitiu ser mais brando com a população capturada. Apesar do facto de ter sido eleito rei pela maioria dos nobres lombardos, Cléfis podia antecipar sedições entre duques rivais, quase certamente encorajadas, se não mesmo instigadas, pela corte bizantina e promovidas pelos romanos. O exemplo do duque Gisulf de Friuli, sobrinho de Alboin, que se tornou o principal apoiante dos bizantinos, só prova a posição precária do novo governante. A certa altura, foi seguido pelo seu parente, possivelmente irmão, Grasulf, como se pode comprovar na última das *Epistulae Austrasiacae*, onde um alto funcionário austrasiano, Gogo, elogia o duque pelas suas acções e promete que a recompensa financeira bizantina chegaria em breve.[34] É apenas uma questão de conjetura tentar datar esta carta. Num artigo

---

[29] Fasoli, 1960, 289-305. Cristina La Rocca Citta altomedievali, storia e archeologia, [Studi Storici, Anno 27, No. 3,], (Jul. - Set., 1986), p. 725-735, que sublinha o desvio da cerâmica de origem africana para objectos de produção local como sinal de prevalência urbana a nível regional; Eadem, formazioni della citta altomedievale in "Langobardia", [Studi Storici, Anno 30, No. 4], (Out. - Dez, 1989), p. 993-1011; Para a transformação dos ideais nas cidades italianas, ver G. P. Brogiolo, Ideas of the town in Italy during the transition from antiquity to the middle ages, in The Idea and Ideal of the Town between Late Antiquity and the Early Middle Ages, G. P. Brogiolo, Bryan Ward-Perkins (eds.), Brill, (Boston 1999), p. 99-126, esp. p. 110sq.

[30] *HL*, SS rer. Germ. 48, Lib. II, cap. 28, pág. 105; Menandro, frg. 22, pág. 196.

[31] Cap. 6, (Braccioti) pag. 117-118.

[32] Wagner, 1982, 291-304. Non vidi. Devo a referência a Wolfgang Haubrichs (2005), 67-102, especialmente 73 n. 40.

[33] *HL*, SS rer. Germ. 48, Lib. II, cap. 31, pág. 108.

[34] *Epistulae Austrasiacae* 48, em MGH Ep. III, pag. 152-3.

muito analítico, Walter Goffart[35] prefere uma data do início da década de 570, possivelmente 571. A meu ver, não há razão para crer que parentes tão próximos de Alboim se colocassem contra ele durante a sua vida. Por outro lado, é fácil considerar que pertenciam a uma fação rival que se opunha à elevação do duque de Pavia, Cleph, ao trono. Isto situaria a apostasia sensivelmente entre 572 e 574. Mais forte ainda é a possibilidade de os friulanos terem decidido apostatar depois do seu assassinato, quando a autonomia ducal estava no seu ponto mais alto. Há, no entanto, uma dificuldade. Se, como creio, a grande derrota de Baduarius ocorre nesse ano, será que os friulanos quereriam ficar do lado dos bizantinos derrotados? À luz deste argumento, parece-me que a carta deve ser datada entre 572 e 574, o que a torna irrelevante para a derrota de Baduarius.

Só o assassinato de Cléph, um ano e meio ou dois após a sua ascensão, potencialmente com a cumplicidade bizantina, deixou o seu reinado livre de tais acções. No entanto, estas acções parecem ter voltado a aumentar durante o período ducal que se seguiu. O que se pode afirmar com certeza é que os nobres romanos continuaram a viver dentro das fronteiras do Estado Lombardo. Há pelo menos uma referência a este facto no final do século VII, durante o reinado de Cunincpert (688-700), que, segundo Paulo Diácono, teve um caso extraconjugal com Teodote, uma rapariga de ascendência patrícia romana.[36] É também de considerar que o Estado bizantino começou a reagir mais atentamente às consequências da invasão lombarda durante estes anos, e que esta reação se caracterizou pela utilização da força contra os invasores.

Não é claro se a crueldade com que Clefo tratou os romanos se refere às zonas ocupadas do norte ou às dos ducados do sul, que começaram a formar-se em torno de Espoleto e, mais tarde, de Benevento. Esta é uma questão importante, porque a sua resposta determina se se tratou de uma medida tática ou de segurança. Uma vez que o domínio lombardo se tornou firmemente seguro na maior parte do norte, parece não ter havido qualquer razão política para Cléph tentar uma purga da nobreza romana local. Por outro lado, podemos postular um motivo económico, uma vez que o novo rei desejava garantir terras e um estatuto mais elevado para os seus parentes, ganhando assim a sua lealdade e a sua posição privilegiada como conquistadores do norte. Por outro lado, a repressão da nobreza romana no centro e em partes do sul de Itália poderia ter a clara motivação de eliminar as suas actividades de apoio ao papado e à administração bizantina, ao mesmo tempo que proporcionava propriedades aos seus homens numa zona fronteiriça estratégica.

Como em muitos outros casos, Fredegar influenciou muitos escritores. Neste caso, relata que, durante o reinado de Cleph, (referido como Clip), os duques do norte iniciaram as suas primeiras incursões na Borgonha, matando o seu general Amatus: *Langobardi regem nomen Clip super se eligunt. Prorumpentibus Langobardis in Gallias, Amatus patricius ab ipsis interfecetur, et Burgundionibus multae ibidem estrages factae sunt. Post Amatum Mummolus patriciatum adsumit.*[37]

O facto de Cléfis ter sido assassinado muito pouco tempo depois da sua ascensão, e a não ser que não tenha sido por motivos pessoais, é uma prova da sua impopularidade junto de vastos sectores da sociedade lombarda. O facto de, após a sua morte, os Lombardos se terem abstido de escolher um novo rei, aponta, a meu ver, para uma cumplicidade ducal, possivelmente em resultado da sua impopularidade. A duplicidade do duque Gisulf de Friuli e de outros, alguns anos mais tarde, também pode ter sido o motivo da ação de agentes bizantinos. Stefanie Dick considera que os Lombardos regressaram simplesmente a uma antiga instituição germânica, uma vez que não havia perspectivas de uma grande ameaça à sua estabilidade. Não posso concordar inteiramente com a sua opinião, pois a capacidade dos duques de exercerem políticas individuais em seu benefício parece-me uma explicação mais plausível. É indubitável que a cumplicidade bizantina desempenhou um papel neste facto.[38] No entanto, é uma questão em aberto saber se o regresso à realeza formal, dez anos mais tarde, através da escolha de Authari, filho do assassinado Cleph, como rei, foi o resultado do seu desejo de estabelecer um novo precedente dinástico, ou uma escolha por mérito pessoal, quase coincidente com o governo de Cleph.[39]

---

[35] Goffart, 1957, 79-80.
[36] Antonopoulos, 2010, p. 17-20.
[37] Fredegar, SS rer. Merov. 2, Lib. III, cap. 67, pag. 111, l. 4sq.
[38] Stefanie Dick (2005), 335-342, especialmente 340-41.
[39] A questão é discutida por J. Jarnut, (2003), 409-27, especialmente 414-15.

O interregno que se seguiu ao assassinato de Cléph é um dos períodos mais interessantes da fase inicial da presença lombarda em Itália. Isto deve-se ao facto de os duques conseguirem ganhar vantagem na gestão dos assuntos lombardos, uma experiência que se revelou infrutífera, mas também porque as tentativas bizantinas de se infiltrarem nas rivalidades entre os duques se materializam pela primeira vez nesta altura. A outro nível, é nesta altura que se realizam as primeiras grandes expedições bizantinas em Itália, enquanto os francos aparecem em cena como auxiliares dos bizantinos. É também a altura em que o papado começa a ter um papel mais ativo no pedido de ajuda imperial contra os ameaçadores lombardos.

Para o *Origo*, o assunto ocupa menos de uma linha: *Et iudicaverunt duces Langobardorum annos duodecim.*[40] No entanto, é interessante que o *interregno* seja calculado para durar doze, em vez de dez anos, enquanto a utilização do termo *iudicaverunt* aponta para uma autoridade judicial, e não administrativa, por parte dos duques. Esta situação parece corroborar o facto de que era emitido um juízo coletivo sobre as questões administrativas lombardas que afectavam todo o Estado, bem como os seus assuntos externos, enquanto cada duque podia tratar dos assuntos do seu ducado sem qualquer coerência com os restantes duques, à semelhança de um Estado moderno frouxamente federado, mas ainda mais frouxo por analogia.

Paulo Diácono é, por comparação, muito mais explícito, mas de certa forma confirma a imagem do *Origo*. No livro II, capítulo 32, afirma que os duques assumiram o controlo da administração, nomeando, de facto, os seis mais importantes, que controlavam os ducados da fronteira norte. Trata-se de Zaban em Pavia, Vallari em Bergamo, Alichis em Brescia (poderia ser um antepassado do futuro Allachis, que se revoltou contra o rei Cunincpert em 689-90?), Eoin de Trento e Gisulf de Friuli. Com o acréscimo de outros, o seu número elevou-se a trinta. Um capítulo à parte voltará a abordar o complicado tema dos renegados lombardos que lutaram em nome de Bizâncio, mas é importante observar aqui que a grande maioria destes casos não vem do período do *interregno*, o que significa que havia razões concretas para os lombardos pró-bizantinos escolherem este caminho. T. S. Brown (Gentlemen and officers, p. 7274) apresenta um esboço pormenorizado de tais casos que deixa pouco espaço para uma reflexão mais aprofundada. De seguida, tentarei concentrar-me mais nas possíveis razões e nos padrões emergentes.

O suborno de qualquer tipo era certamente um fator importante e pode argumentar-se que, nesta fase inicial, alguns duques ainda duvidavam que a administração lombarda em Itália tivesse um efeito duradouro. Em vez de perderem os seus ducados, sentiam-se mais seguros se se aliassem aos bizantinos e mantivessem os seus títulos. Como sugere o exemplo de Droctulf/ApoKT®v, a promessa de um alto posto no exército bizantino era uma alternativa potencial no caso de um resultado negativo.

Passamos assim a uma breve análise da ideia de patriotismo entre os Lombardos e os povos germânicos em geral. O patriotismo moderno reflecte, em grande medida, a posse territorial de um povo dominante, ou a integridade territorial de uma sociedade multiétnica, unida pela adesão cultural e jurídica a um Estado contemporâneo, ou a um império antigo/medieval. No entanto, para uma sociedade que ainda mantinha alguns princípios nómadas migratórios, ainda não desprovida do fenómeno da osmose, a integração política e social de grupos e indivíduos independentemente da sua origem, o que importava era a identidade de género e não a identidade de Estado. Numa tal situação, um lombardo que mudasse de lado e apoiasse um império multiétnico, onde pessoas de várias identidades raciais tivessem o seu lugar, não prejudicaria a sua "lombardia" se decidisse mudar de lado. Ser lombardo sob um governante lombardo, ou sob um imperador não lombardo, não faria grande diferença. Assim, o facto de a informação sobre a oposição ducal ser fornecida para o período após a restauração da realeza em 584, e não para o *interregno*, não é surpreendente, uma vez que os duques que se aliaram aos bizantinos passaram a opor-se ao novo governante, e não ao próprio Estado. Há também que ter em conta a possibilidade de eles próprios serem de origem não lombarda, fator que contribuiria para enfraquecer a sua fidelidade ao soberano. Não há forma de provar, embora seja provável, que todos os duques da Itália lombarda fossem lombardos, uma vez que conhecemos um grande número de saxões, alguns búlgaros e outros povos germânicos como turíngios que vieram em massa com os lombardos.

Como já foi referido, é nesta altura que temos notícia dos primeiros grandes contra-ataques bizantinos. É de supor que até à expedição de Baduarius, que se concretizou cerca de oito anos após a invasão lombarda,

[40] *Origo*, cap. 6, pág. 117, l. 3-4.

os bizantinos não tenham ficado inactivos. Simplesmente consideraram que seria possível às forças locais fazer face à situação. Dois factores podem apoiar este ponto de vista. O primeiro é a presença de Narses, cuja reputação militar poderia garantir uma avaliação correta das condições actuais. É pouco provável que a sua discórdia com o casal imperial tenha ocorrido logo no início da invasão lombarda, uma vez que a sua fuga de Roma só é relatada durante os últimos anos do papado de João III (561-574). A segunda razão é o facto de a guerra destrutiva com a Pérsia só ter eclodido em 572, ou seja, quatro anos após a invasão. Isto significa que os bizantinos poderiam ter enviado mais tropas, se considerassem que a situação era tão grave. O rápido avanço dos lombardos impediu uma reação rápida e bem sucedida, o que deve ser explicado tanto pela discórdia como pela má estratégia. No entanto, é mérito de Justino, ou possivelmente de Sofia ou de Tibério, devido à insanidade do imperador, que apesar da perda de Daras, que provocou a instabilidade mental de Justino, o seu genro Baduarius, que ocupava o cargo de *cura palatii*, tenha sido enviado para Itália com uma grande força, apenas para encontrar a derrota e a morte às mãos dos Lombardos.[41] João de Biclaro chama-lhe "*bellum lacrimabile*", o que indica uma derrota muito pesada ou uma estratégia mal concebida. Baduarius era *curopalato* desde o início do reinado de Justino: *ipse inter primos vultu praeclarus honor / fratris in obsequium gaudens Marcellus abibat, / dispositorque novus sacrae Baduarius aulae, / successor soceri factus mox curapalati est.*[42] O facto de ser genro significava que tinha uma séria pretensão de suceder a Justino. Para o nosso objetivo, significa que o imperador tratou a ameaça em Itália com seriedade suficiente para entregar a responsabilidade a uma pessoa muito próxima da sua família. É também possível que pretendesse colocar Baduarius como seu vice-rei em Itália, independentemente do seu título real. Tudo isto foi subitamente interrompido, o que beneficiou muito a posição de Tibério como possível sucessor, especialmente porque gozava do favor de Sofia, a verdadeira governante nos últimos anos de Justino. É preciso também recordar que o próprio Justino era um *curopalato* antes da sua ascensão ao trono, pelo que se deve atribuir um significado simbólico ao planeamento desta expedição. Mas há uma dimensão lombarda que vale a pena refletir. Apesar de todas as dissensões e divergências ducais, os duques conseguiram uma vitória importante sobre os bizantinos, numa altura em que a unidade estava em causa. Isto só pode significar que, ou os duques conseguiram unir-se perante o perigo iminente, ou que factores internos à força bizantina, como a má estratégia, são responsáveis pela derrota de Baduarius. Mas as consequências foram importantes para as fases seguintes do conflito, sobretudo em termos de moral, porque a derrota de Baduarius apenas provou que os Lombardos eram capazes de enfrentar grandes expedições organizadas, o que se tornaria ainda mais claro nas suas relações com os Francos.

As duas missões de Roma a Constantinopla, efectuadas pouco tempo depois, para obter ajuda militar, dão indicações sobre a grave situação em Itália. A primeira, chefiada pelo senador Pânfronius, deve ter tido lugar pouco depois da derrota de Baduarius, porque Tibério é referido como *César*, o que significa que Justino ainda estava vivo. Uma vez que a sua nomeação é colocada por Teófanes[43] em dezembro de 574, há uma séria dificuldade em aceitar a ideia proposta acima, segundo a qual a derrota de Baduarius deve ter garantido a promoção de Tibério.

Apesar de Paulo, o Diácono, ter inserido um relato hagiográfico completo nos primeiros capítulos do livro III, torna-se óbvio que o envolvimento original dos francos, que se torna evidente a seguir, foi instigado pela invasão dos duques lombardos na região da Provença. A depredação deve ter sido o seu único objetivo, uma vez que dificilmente poderiam esperar dominar o mais fraco dos três reinos merovíngios, ou seja, a Borgonha. Como as incursões parecem ter sido o resultado de iniciativas pessoais de duques da zona fronteiriça, a derrota de Baduarius deve ter desempenhado um papel significativo, aumentando a confiança e permitindo-lhes embarcar em novos empreendimentos. Ian Wood opta por uma cronologia no início da década de 570 para as primeiras incursões lombardas em França. Uma vez que Paulo, o Diácono, refere o assassinato do rei Sigiberto II (575) como tendo ocorrido após estes acontecimentos, e partindo do princípio de que estes se concretizaram após a morte de Cléofo, é de presumir que estes ataques estavam em pleno vigor durante o

[41] Johannes Biclarensis, 215, (a 578.); Christou, 126, n. 587.
[42] Coripo, Lib. II, pag. 56, l. 282-85.
[43] A.M. 6067 (574-5).

ano 574-5. Este facto poderia apoiar o meu argumento a favor de situar a derrota de Baduarius em 574, e não em 576, pois seria muito improvável que os Lombardos iniciassem incursões com um ataque bizantino iminente.[44] Uma colocação precoce da derrota de Baduarius é também reforçada por uma observação de Paulo, segundo a qual Roma começou a ser sitiada pelos lombardos na altura do pontificado do papa Bento I (11 de julho de 575, 30 de julho de 579): *Denique et cum Roma temporibus Benedicti papae. vastantibus omnia per circuitum Langobardis, famis penuria laboraret, multa milia frumenti navibus ab Aegypto dirigens, eam suae studio misericordiae relevavit...*[45]

Uma fonte tardia, os *Annales Ratisponenses*, fornece o nome do imperador que, como descrito nas quatro fontes citadas, enviou trigo do Egito para aliviar a escassez de alimentos em Roma. Como esse imperador era ainda Justino, este episódio deve ser datado entre julho de 575 e 4 de outubro de[th] , data da sua morte. Dado que é provável que um cerco a Roma se tenha seguido às incursões lombardas em França, há mais razões para situar a derrota de Baduário em 574.

A narrativa de Paulo sobre as primeiras incursões em França está cheia de clichés moralizantes, um deles relativo a um santo homem local, Hospitius, perto de Nice, e à sua sobrevivência milagrosa à ameaça lombarda, que visa mostrar a providência divina tanto na proteção do santo homem como na conversão de muitos lombardos. Isto não nos diz respeito.[46] O segundo cliché, no entanto, é uma história relativamente longa que visa mostrar a estupidez dos saxões, cuja confiança e arrogância se revelaram fatais, na sua tentativa de se dissociarem dos lombardos e regressarem a casa. Não só foram obrigados a devolver os seus cativos e o seu espólio ao patrício franco Mummolus, talvez o mais competente general do rei borgonhês Gunthram (rei 561592/3), como perderam a vitória para os suevos, quando estes lhes tinham oferecido tudo e eles recusaram transigir, mas também foram enganados ao trocarem o seu valioso ouro por dinheiro sem valor, quando se encontravam no território do rei Sigibert da Austrásia. Torna-se claro que estes saxões, com as suas mulheres e filhos, eram uma entidade separada dentro do reino lombardo, que nunca conseguiu amalgamar e nunca se sentiu propensa a repudiar as suas instituições tribais. Este facto torna-se claro na narrativa de Paulo. O episódio é retomado em grande parte de Gregório de Tours, que omite qualquer referência às razões institucionais que levaram os saxões a querer regressar às suas terras ancestrais: *Igitur regressi Saxones in Italiani, adsumptis secum uxoribus atque parvolis vel omni suppellectile facultatis, redire in Galliis distinant, scilicet ut a Sigybertho rege collecti in loco unde egressi fuerant stabilirentur...*[47] Isto significa que as intenções dos lombardos e dos saxões eram diferentes e que a mentalidade tribal, mais do que nacional, persistiu entre os migrantes, embora seja muito provável que Alboin tenha concebido uma osmose tribal sob a preeminência, liderança e domínio lombardo. Mais uma vez, a referência a Sigibert como rei significa que a decisão dos Saxões teve lugar antes do seu assassinato em 575. Paradoxalmente, os saxões encontravam-se numa situação muito semelhante à dos lombardos alguns anos antes, quando o seu mal-estar com os seus vizinhos avares os levou a emigrar para Itália.

Não é claro se foi a derrota de Baduarius que fez com que os bizantinos considerassem a possibilidade

---

[44] Wood, 1994, 167-8.

[45] *HL*, SS rer. Germ. 48, Lib. III, cap. 11, pág. 119. *HL*, SS rer. Germ. 48, Lib. III, cap. 11, pág. 119. Paulus Diaconus, *Historia Romana*, Lib. XVII Auct. ant. 2, p. 398, l. 19 "*Denique et cum Roma temporibus Benedicti papae vastantibus omnia per circuitum Longobardis famis penuria laboraret, multa milia frumenti navibus ab Aegipto dirigens eam sub studio misericordiae revelavit.*" Annales Ratisponenses (...-1167) SS 17, pag. 580 : "*Denique cum Roma temporibus Benedicti papae Longobardis omnia per circuitum vastantibus famis penuria laboraret, multa milia frumenti navibus ab Egito dirigens Iustinus, eam sub studio misericordiae relevavit.*"; Iohannes Diaconus, *Chronicon Venetum* SS 7, pag. 6, l. 27: "*Denique et cum Roma temporibus Benedicti papae. Vastantibus omnia per circuitum Longobardis, famis penuria laboraret, multa milia frumenti*".

[46] *HL*, SS. rer. Germ, Lib. III, cap. 1-2.

[47] Gregorius Turonensis, *Libri Historiarum* X SS rer. Merov. 1, Lib. IV, cap. 42, pag. 176, l. 10; *HL*, SS rer. Germ. 48, Lib. III, cap. 6, pag. 114: *"Igitur regressi Saxones in Italiam, adsumptis secum uxoribus atque parvulis suis vei omni supellectili, rursum ad Gallias délibérant redire, scilicet ut a Sigisperto rege suscepti, eius possint adiutorio adpàtriàm remeare. Certum est autem, hos Saxones ideo ad Italiam cum uxoribus et parvulis advenisse, ut in ea habitare deberent; sed quantum datur intellegi, noluerunt" Torna-se claro que Paulo é a fonte mais bem informada, no que respeita aos desejos dos Saxões. ellum; sed intercurrentibus".*

de envolver os francos na sua luta. Não existe uma base sólida para atribuir essa decisão ao novo imperador Tibério (578-82), ou ao homem forte emergente e futuro genro do imperador, o futuro imperador Maurício (582-602). É também provável que a iniciativa não tenha sido, em si mesma, totalmente bizantina, uma vez que os francos e os lombardos já se tinham defrontado, com uma força cada vez maior. Os bizantinos devem ter tido consciência deste facto e, na impossibilidade de resolver a situação sozinhos, devido ao conflito em curso com a Pérsia, recorreram à promoção do envolvimento franco através do fornecimento de grandes quantidades de dinheiro. Um instrumento inestimável para a compreensão das negociações em curso é oferecido por um grupo de cartas, conhecidas coletivamente como *Epistulae Austrasiacae*, muitas das quais tratam precisamente deste assunto.[48]

Embora a maior parte das cartas se refira ao período posterior a 582, quando Maurício era governante, os contactos importantes entre a corte bizantina e a austrásia tinham começado muito antes, e eram intermitentes e constantes, tanto diretamente pelos governantes envolvidos, como pelas suas mulheres, na sua qualidade de regentes. A grande questão, na minha opinião, é saber por que razão os bizantinos se esforçaram por desenvolver os seus contactos com a Austrásia, descartando a Néustria e, sobretudo, a Borgonha. O desenvolvimento de contactos com a Borgonha parece ser o caminho mais lógico, uma vez que era o reino mais afetado pelas incursões lombardas e o que mantinha o maior número de aristocratas e bispos galo-romanos. Ainda que se possa argumentar que o que possuímos é um conjunto de cartas cuja proveniência é a corte austrasiana, haveria certamente algum indício, ou incómodo expresso, se os bizantinos mantivessem contactos de igual para igual com as outras duas cortes, uma vez que a manutenção de uma comunicação direta com a corte imperial significava a preeminência ideológica dos governantes austrasianos. A corte imperial devia também estar consciente do facto de que eram os dois reinos do Norte que contavam na altura e que a Austrásia era ainda mais preferida, devido à proximidade de Brunhilde da corte visigótica. Em todo o caso, teria sido difícil para Bizâncio manter relações igualmente cordiais com Neustria depois de o seu governante, Chilperic (561-84), ter mandado assassinar a sua mulher Galswintha, o que causou o início de uma longa fricção no seio da dinastia merovíngia, com Brunhilde a exercer um controlo excecional até à sua derrota e trágica morte final em 613, às mãos do seu vitorioso adversário neustro, Chlothar II (584-629) em 613.

Embora quase todas as cartas importantes do corpus austrasiano digam respeito à comunicação entre as duas cortes no tempo do imperador Maurício (582-602), há uma carta dirigida à imperatriz Anastácia por Brunhilde,[49] , na qual está implícita a comunicação sobre assuntos importantes do Estado. Como o governante a quem a carta é dirigida é Childebert II (governou 575-596), podemos supor que a carta foi escrita por volta de 579-580, porque o caso Gundovald, que começou em 581, teve algumas consequências profundas nas relações entre a Austrásia e Bizâncio.

O antagonismo entre as cortes merovíngias para a sucessão, primeiro na Borgonha e depois na Neustria, revelou-se temporariamente vantajoso para o menor Childebert II da Austrásia, que, durante algum tempo, foi o campeão de ambos os tronos como herdeiro aceite do rei Gunthram da Borgonha, agora sem herdeiro, e pela morte de ambos os filhos do rei Chilperic da Neustria e da rainha Fredegund. Mas o fator decisivo para os interesses bizantinos foi o resultado do caso Gundovald, que enfraqueceu as possessões e os interesses bizantinos em Espanha, bem como a capacidade do seu aliado Austrásia de combater eficazmente os Lombardos.

O facto de, desde 578/9, o filho do rei visigótico Leovigild (568-86), Hermenegild, marido da princesa austrásia Ingund, se ter rebelado abertamente contra o pai, sendo ao mesmo tempo defensor da ortodoxia, fez com que Bizâncio, cujas possessões espanholas eram diretamente afectadas pelo desfecho do caso, e a Austrásia, cujo governante se preocupava com os acontecimentos em Espanha, estabelecessem um contacto mais estreito. No entanto, pode argumentar-se que, de certa forma, esta reviravolta foi contraproducente para a política italiana de Bizâncio, pois deslocou o equilíbrio da ação para Espanha. De pouco serviu o facto de o rei Gunthram da Borgonha considerar a aquisição da Septimania como o seu principal objetivo, e a

[48] Para uma análise recente do seu contexto histórico e proveniência, Barrett G. & Woudhuysen G., *EME* 24/1, (2016), 3-57.
[49] *Epistulae Austrasiacae* 29, em MGH Ep. 3, pág. 140.

aproximação de Leovigild ao rei Chilperic da Neustria, que tornou proibitivas as expedições austrasianas a Itália.[50]

É uma questão de saber se o aparecimento de Gundovald como substituto do inconveniente Gunthram foi maquinado em Constantinopla, ou se foi uma feliz coincidência. Gundovald era um pretendente, que reivindicava a sua descendência como filho ilegítimo de Chlothar I. Foi exilado em Colónia, de onde escapou algures nos anos 560, fugiu para Narses, em Itália, tomou uma mulher e gerou filhos, antes de fugir para Constantinopla.[51] É difícil concordar com Goffart quanto ao ano de 567, que me parece bastante tardio. Para que Gundovald ganhasse alguma notoriedade, deveria ter chegado mais cedo a Itália, para ter tempo de se familiarizar com Narses e aí se estabelecer, antes da agitação de 568 e depois, que teria dificultado uma vida estável em Itália. Não há razões para crer que a chegada de Gundovald a Constantinopla tenha sido puramente oportunista. Parece ter servido lealmente as forças bizantinas e, tal como muitos notáveis estrangeiros, podia esperar um bom posto, um acolhimento gracioso por parte do imperador, que recebeu, e, claro, a oportunidade de promover a sua pretensão a um dos tronos merovíngios, possivelmente a Neustria ou a Borgonha. Era também uma opção perfeita para os bizantinos utilizarem como agente para dificultar a intervenção franca em Itália. Infelizmente para eles, nasceu um herdeiro do rei Chilperic, Fredegund, e a situação alterou-se à medida que o apoio da nobreza austrasiana à pretensão de Gundovald diminuía, com o protagonista, o duque austrasiano Gunthram Boso, a mudar cinicamente de lado e a acusar o bispo de Marselha de ser o principal conspirador na entrega de um trono franco a um estrangeiro.[52] Como Gunthram Boso e os nobres austrasianos mudaram de lado, a insurreição de Gundovald não conseguiu emergir, mesmo antes do seu início. Bizâncio perdeu o ouro que Tibério aparentemente tinha fornecido ao rebelde. No entanto, na altura da chegada de Gundovald, Tibério estava morto e o seu genro, Maurício (582-602), estava no trono imperial. Ele estava igualmente pressionado na frente persa e nos Balcãs pelo iminente ataque dos Avares a Sirmium. Estava, no entanto, plenamente consciente da difícil situação da Itália e, não podendo enviar ele próprio tropas suficientes, estava decidido a procurar o envolvimento dos francos nessa região. Podemos então distinguir uma mudança de atitude entre o reinado de Tibério e o de Maurício? Aparentemente, pouca. Tudo o que se pode afirmar é que Maurício seria menos propenso a esbanjar facilmente os tesouros imperiais. Uma vez que há amplas provas de que enviou grandes somas de dinheiro para os francos, só podemos concluir que seria simplesmente mais cuidadoso, e não menos voluntarioso, no manuseamento desse dinheiro do que Tibério.

O ano de 584 é importante, não só porque a revolta de Hermenegildo se desmoronou, mas também porque, pouco depois da morte do jovem herdeiro de Chilperico, Fredegundo deu finalmente à luz um herdeiro varão que viria a sobreviver e a tornar-se um dos mais eficazes reis merovíngios, o futuro Cloto II (584-629).

O tutor de Childebert na Austrásia e os primeiros relatos importantes de novas expedições francas a Itália voltam a surgir. Gregório de Tours relata um novo ataque franco a Itália depois de o imperador Maurício ter pago a soma de 50.000 *solidi*: *imperatore autem Mauricio ante hos annos quinquaginta milia soledorum acceperat, ut Langobardus de Italia extruderit.*[53]

Esta informação é também corroborada pelo cronista espanhol João de Biclaro[54] , que não especifica o montante pago aos francos, mas fornece o interessante comentário de que houve pesadas perdas de ambos os lados: *Mauricius imperator contra Longobardos Francos per conductelam movet, quae res utrique genti non parva intulit damna.* Gregório de Tours parece estar errado ao permitir

Maurice para pagar os cinquenta mil *solidi* "antes de vários anos". Em 584, ele estava apenas há um ano e meio no trono, e uma nova remessa de dinheiro nessa altura, e sem qualquer razão, parece improvável. É mais

---

[50] Para uma análise pormenorizada destes acontecimentos, ver Goffart 1957, passim.

[51] Goffart, 1957, 97, n. 104.

[52] Nas secções V e VI do seu artigo, Goffart 1957, apresenta uma análise detalhada destes acontecimentos, com cujas principais conclusões estou de acordo.

[53] Gregorius Turonensis, *Historia Francorum*, 6.42, SS. Rer. Merov. 1, 1, pag. 314 l. 7sq, Goffart 1957, 110 n. 170.

[54] Johannes Biclarensis, *Chronica* sob 584 MGH Auct Ant 13, Chron Min. pag. 217, Goffart 1957, 111 n. 171.

lógico supor que esta soma era a que Tibério tinha oferecido a Gundovald e aos seus associados, que terá sido apreendida em Marselha e que, felizmente para os bizantinos, acabou por chegar à corte austríaca. Depois de Brunhilde ter afirmado a sua posição como guardiã de Childebert II, Bizâncio viu-se de novo numa posição forte para convencer o governante austrasiano da necessidade de uma expedição a Itália, sendo Ingund e o seu filho um incentivo bastante valioso em Constantinopla. Qualquer pedido de Bizâncio seria difícil de recusar e, pelo menos na frente italiana, não havia perigo de uma ação perturbadora por parte de Neustria. O rei Chilperic seria assassinado no decurso do ano, quando o seu filho tinha apenas quatro meses, e Gunthram da Borgonha seria igualmente morto. Goffart[55] chega a uma conclusão semelhante quando questiona o relato de Gregório de Tours para o ano seguinte, 585, onde este menciona que o imperador enviou um tesouro no ano anterior. Uma vez que não há provas da existência de uma embaixada bizantina em 583, não há razão para acreditar que tenha sido Maurício, e não Tibério, o autor da menção do tesouro. Não há necessidade, creio eu, de seguir o argumento do Prof. Goffart, segundo o qual a nobreza destituída disse longamente a Brunhild como ela poderia conquistar o imperador. Uma vez que o jovem Childebert ainda podia contar com uma possível herança da Borgonha e, possivelmente, da Neustria, a aceitação do imperador seria uma medida de segurança adicional. Uma vez que a rebelião de Hermenegildo em Espanha tinha sido aniquilada por Leovigild, não havia razão para atacar o homem forte da Península Ibérica. Uma aparição bem sucedida das tropas austrasianas, lideradas pela nobreza destituída, em Itália, mais o próprio jovem rei, seria suficiente para dissuadir Gunthram de alterar o acordo de herança. Ao mesmo tempo, o combate em conjunto com as tropas bizantinas da zona que, a partir desse ano, é atestada como exarcado, não só tornaria desnecessária uma intervenção austríaca, como constituiria o primeiro teste em batalha do jovem rei, tão importante para os primeiros líderes germânicos, e justificaria a soma que lhe foi entregue, que, como sugerido, era a originalmente enviada por Tibério.

Ao contrário da afirmação de João de Biclar de que houve pesadas perdas de ambos os lados, Gregório de Tours (HFVI, 42), relata que Childebert subjugou os Lombardos, que ficaram aterrorizados com a sua chegada a Itália, e regressou à Gália. Evidentemente, não se trata de um ato de um rei de catorze anos, nem sequer dos nobres, mas de um grito patriótico de Gregório. Nem, como acredita Goffart[56] a expedição conseguiu a rendição de algumas das antigas conquistas italianas de Theudebert I. Tal desenvolvimento não teria certamente passado despercebido a Gregório de Tours. No entanto, a prova de que os Lombardos estavam seriamente preocupados com esta incursão, pode ser extraída com segurança do facto de que os duques Lombardos decidiram eleger um rei mais uma vez, com Authari (584-90), iniciando assim a segunda e mais longa fase do reino Lombardo em solo italiano.

[55] Goffart, 1957, 111.
[56] Goffart, 1957, 115.

Capítulo 2

Entre o combate e a paz: reconhecer o inevitável

O ano de 584 é um ano crítico para a continuação da luta. O imperador Maurício ascende ao trono bizantino. A sua estreita ligação com a família imperial significava que ele tinha pleno conhecimento do que se passava em Itália. Ao contrário de Tibério, abster-se-ia de esbanjar o dinheiro que possuía, mas mostraria igual, se não maior, determinação em lidar com a crise lombarda. Com recursos limitados, esta seria uma tarefa formidável devido às muitas frentes abertas. Por isso, os francos deveriam ser encorajados a continuar o seu trabalho de auxiliares dos bizantinos. Entretanto, os Lombardos, reconhecendo a gravidade da situação, elegeriam um rei, Authari, filho de Cleph, como rei (584-590). Coincidentemente, o futuro papa Gregório I, o Grande, (590-604), encontrava-se em Constantinopla como *apocrisiarius* e teve a oportunidade de conhecer pessoalmente a família imperial, o que não ajudou a manter uma relação cordial durante o seu pontificado. Finalmente, o papa Pelágio II (579-90), aparece com as suas poucas cartas sobreviventes em primeiro plano, uma figura negligenciada a quem ainda não foi feita justiça, uma vez que precede um dos maiores papas da Idade Média. As cartas que sobreviveram mostram-no como um homem de ação, que vive cada momento das agonias da Itália e da cidade eterna em particular, juntamente com as tribulações da peste, que acabou por o levar. Uma vez que a sua primeira carta sobrevivente data de outubro de 584, é justo tratar das suas cartas nesta segunda fase do combate. Por fim, os francos da Austrásia e, em particular, o seu rei Childebert II, continuarão a fazer expedições infrutíferas e a espremer todo o dinheiro que Maurício possa enviar. Quanto aos Lombardos, tiveram a sorte, no mínimo, de ter dois reis talentosos, Authari até 590 e, sobretudo, Agilulf depois, e de conseguir forçar a paz que significava o reconhecimento do seu estatuto de primeira potência em solo italiano.

A. Authari

Não se sabe exatamente quando é que os duques decidiram restaurar a realeza, elegendo Authari como rei. Se, no entanto, assumirmos que o papa Pelágio II (579-90), que escreveu ao seu *apocrisiarius*, o futuro papa Gregório I, descrevendo a condição de Roma como desesperada, numa carta datada de 6 de outubro, deve ser tido em conta[57] , é provável que os Lombardos já tivessem escolhido o seu rei, pois não iriam embarcar em operações sérias numa altura em que estavam preocupados com um assunto tão sério. Voltaremos a Pelágio e às suas cartas mais adiante, quando tratarmos do processo do conflito com Bizâncio.

Authari, ao contrário do seu pai Cleph, recebeu uma imagem muito positiva das fontes e pode, com certeza, ser considerado como o verdadeiro rei "romântico" dos Lombardos, com algumas histórias interessantes em torno do seu casamento com a princesa bávara Theudelinda. Apesar da sua juventude, da sua bela estatura e da sua tez clara: *Erat autem tunc Authari iuvenali aetate floridus, statura decens, candido crine perfusus et satis decorus aspectu. - Erat enim Authari iuvenis pulcherrimus et boni status.*[58] A suposição natural seria que ou Paulo, que é a fonte mais antiga, improvisa sobre a história romântica do conhecimento de Authari com a sua esposa para o descrever como jovem e bonito, ou que ele foi realmente capaz de ver uma representação de Authari, retratando-o de forma elegante como convém a um belo noivo.

O segundo passo importante que deu foi o de adquirir o título imperial de *flavius: quem etiam ob dignitatem Flavium appellarunt. Quo praenomine omnes qui postea fuerunt Langobardorum reges feliciter usi sunt. - At vero Flavius rex Authari legatos ad Childepertum misit, petens, eius germanam suo matrimonio sociali. - Flavius vero rex Authari legatos post haec ad Baioariam misit, qui Garibaldi eorum regis filiam sibi in matrimonium peterent.*5[59] Paulo é seguido quase literalmente por Regino de Prüm *Langobardi, cum per annos X sub potestate ducum fuissent, regem super se statuunt Otharium filium Clephonis; quem etiam ob*

[57] MGH Ep. II, ep. I, 440.

[58] *HL*, SS rer. Germ. 48, Lib. III, cap. 30, pág. 134 - Ekkehardus monachus Uraugiensis, Chronicon universale (...-1225) SS 6, pág. 145, l. 2.

[59] *HL*, SS rer. Germ. 48, Lib. III, cap. 16, eidem, SS rer. Germ. 48, Lib. III cap. 28, pág. 132. Eidem cap. 30, pág. 133.

dignitatem Flavium appellaverunt, quo prenomine Langobardorum reges usi sunt.[60]

Na realidade, Paulo subestima o significado da ação de Authari, quando afirma que os Lombardos lhe conferiram o nome de *flavius*, que foi depois seguido por todos os seus sucessores. A nível externo, a aquisição do título de *flavius*, permitiu a Authari fazer duas tentativas para encontrar uma esposa, primeiro procurando a mão da irmã de Childebert II, tentativa que se revelou infrutífera, depois a da filha do rei da Baviera, que foi bem sucedida. Obviamente, a aquisição do título imperial de *flavius* significava um maior prestígio, mas, tal como no caso de Teodorico, o Grande, tinha um grande significado político. A nível interno, Authari podia reivindicar a aceitação oficial como rei de Itália, dando um grande passo tanto para consolidar o seu próprio domínio, algo que Alboin não tinha conseguido fazer, como para reconciliar a população romana, aparecendo como um continuador das práticas romanas. O arianismo não constituía um obstáculo, uma vez que Teodorico, também detentor do título, se manteve um ariano convicto até ao fim da sua vida. Pode também apontar para uma participação ostensiva numa aceitação de facto da cidadania romana. Assim, de certa forma, os conflitos subsequentes poderiam aparecer como internos, oferecendo assim à população italiana e mesmo ao papado a perspetiva de um segundo pólo romano não reconhecido. É claro que os reis lombardos poderiam esperar obter o mesmo tipo de reconhecimento que os ostrogodos, estatuto que não impedia de modo algum as hostilidades e actividades não autorizadas da sua parte. A principal diferença é, naturalmente, o facto de Teodorico poder ter adotado o mesmo nome com o consentimento imperial, algo que não se verifica no caso lombardo. A questão crítica é saber se a aquisição do nome *flavius* pelos governantes alemães poderia ter o mesmo objetivo que a sua utilização por funcionários da administração e, em certa medida, até por personalidades insignificantes. James G. Keenan realizou um estudo sobre a utilização dos nomes *flavius* e *Aurelius* no Egito[61] e demonstrou que, apesar de o primeiro nome ser utilizado de forma mais selectiva, ambos os nomes eram amplamente utilizados, mesmo por pessoas de posição relativamente baixa, mas a ideia central é que a pessoa em causa estava de alguma forma envolvida no bem-estar público e, portanto, no aparelho social. Parece-me que, embora a ideia central seja semelhante para os governantes estrangeiros que usavam este nome, seria muito ofensivo para eles saberem que partilhavam um nome com um funcionário humilde. Mas há uma distinção importante que Keenan assinala. A grande maioria dos que usavam o nome *flavius* estavam associados à profissão militar, embora pudessem ser apenas humildes soldados. Assim, podemos concluir que o nome *flavius* serviu uma única ideia central, que culminou em diferentes fins e percepções. Se a sua escolha pelos soldados fazia uma distinção consciente, isso coadunar-se-ia bem com o carácter militar dos governantes germânicos, cujo principal desiderato era a competência e a habilidade na guerra. Tal como Teodorico, Authari poderia assim visar a aceitação como governante, como soldado e como membro da oficialidade romana, *ob dignitatem*, segundo Paulo Diácono, e também aceite por Salway.[62]

A história trágica do assassínio de Alboin fica aquém do elemento romântico, quando comparada com a conduta de Authari, relacionada com o seu casamento. Paulo, o Diácono, é a única fonte que relata como Authari começou por pedir a mão da irmã de Childebert II, Chlodosind, que viria a ser desposada pelo futuro rei Reccared de Espanha (586601), casamento que nunca se realizou. Uma vez que este acontecimento é datado de 588, a sua iniciativa de pedir a mão da filha do rei bávaro Garibald, Theudelinda, diretamente relacionada com os Lombardos através da sua mãe, só pode datar de 589.[63] Após a proposta inicial e a aceitação por parte de Garibald, rei da Baviera, Authari desejou conhecer a sua esposa, pelo que se juntou secretamente a uma embaixada na Baviera e, quando Theudelinda foi convidada a servir vinho, ao devolver-lhe o copo, cobriu sub-repticiamente o copo com o dedo e deixou a mão rolar sobre o nariz e o rosto dela. Corada, contou a história à sua mãe adotiva, que lhe assegurou que aquela pessoa era obviamente o seu futuro marido, porque nenhuma outra pessoa se atreveria a fazer tal coisa.[64]

Tal ação era estritamente simbólica no ritual germânico, uma vez que nenhum estranho se atreveria a

[60] Regino Prumiensis, *Chronicon* SS rer. Germ. 50, Lib. I, a. 517, pag. 24, l. 20.
[61] Keenan, 1973, 33-63.
[62] Salway 1994, 124-145, especialmente 141.
[63] Gregório Turonensis, *Decem Libri Historiarum*, IX 16, 20, 25, 28. Wood, 1994, 160 n. 602.
[64] *HL*, SS rer. Germ. 48, Lib. III, cap. 30, pag. 133-35.

tocar na esposa de outrem, especialmente quando esta era filha do rei. O episódio, que terá começado a circular oralmente entre os Lombardos, passou despercebido nessa altura. Ao deixar a Baviera, no entanto, Authari fixou a sua lança numa árvore mesmo junto à fronteira, afirmando que até ali Authari tinha podido fixar a sua lança, dando assim a entender ao contingente bávaro que acompanhava a delegação lombarda para fora do país que ele tinha estado presente e visto a sua futura esposa.

Uma vez que Authari governou apenas seis anos, tendo morrido envenenado, e que o seu primeiro objetivo era obter uma rainha da Austrásia, devemos supor que o seu casamento com Teudelinda teve lugar no final, mas não no fim, do seu governo. No plano político, Teudelinda era certamente uma noiva de segunda classe, porque eram os lombardos que eram mais fortes, e não os bávaros que procuravam a ajuda dos lombardos para combater os francos. Ao mesmo tempo, a ligação de Teudelinda com os Lombardos era um fator que a tornava desejável e respeitada na sociedade. O fim imerecido de Alboim, às mãos da filha do seu rival gépido derrotado, estava ainda demasiado próximo para ser esquecido. A escolha de Teudelinda revelou-se muito bem sucedida, pois marcou a sociedade, fez uma tentativa sincera de orientar os Lombardos para o catolicismo, manteve contactos pessoais com o papa e foi indiretamente responsável pelo estabelecimento de uma dinastia, chamada Bávara, descendência do seu irmão Gunduald, que viria a trazer uma estabilidade a longo prazo e o progresso da sociedade Lombarda durante o século VII.

Theudelinda é, no entanto, mais conhecida como rainha do governante seguinte, o duque de Turim Agilulf (590-616), que também se envolve na fase seguinte da saga. A morte de Authari é assinalada a 9 deth de setembro. Theudelinda foi então convidada a nomear o próximo rei lombardo, na realidade o futuro marido da rainha. Chamou-o a Lomelo, onde ela se encontrava, e depois de ter bebido uma porção de vinho, ofereceu a taça ao duque de Turim. Ele beijou-lhe a mão, mas ela instou-o a beijar-lhe os lábios. Assim, com este ato, os Lombardos obtiveram um novo rei, parente do falecido Authari, e a rainha um novo marido: *Cui statim regina ad se venire mandavit, ipsaque ei obviam ad Laumellum oppidum properavit. Qui cum ad eam venisset, ipsa sibi post aliquod verba vinum propinari fecit. Quae cum prior bibisset, residuum Agilulfo ad bibendum tribuit. Is cum reginae, accepto poculo, manum honorabiliter osculatus esset, regina cum rubore subridens, non deberi sibi manum osculari, ait, quem osculum ad os iungere oporteret. Moxque eum ad suum basium erigens, ei de suis nuptiis deque regni dignitate aperuit. Quidplura? Celebrantur cum magna laeticia nuptiae; suscepit Agilulf, qui fuerat cognatus regis Authari, incoante iam mense Novembrio regiam dignitatem.*[65] O ato era simbólico, mas apenas demonstrava o grande poder das rainhas no mundo germânico, desde que fossem respeitadas pelo povo e não transgredissem a prerrogativa do seu marido real, embora pudessem exercer grande poder durante a menoridade de um herdeiro. Como Francis Butler salientou, existem paralelos simbólicos específicos na sociedade russa primitiva, que era, naturalmente, dominada pelos ruricidas escandinavos66.

Para além do lado romântico de Authari, não devemos subestimar o facto de ele se ter revelado um governante capaz. Não só foi proclamado rei por consenso comum dos duques, possivelmente em consequência das contínuas incursões francas, como conseguiu que estes aceitassem entregar metade dos seus bens à administração real, medida que reflecte simultaneamente o consentimento ducal e a necessidade de reconstituir o *fisco* real, de modo a permitir ao novo rei exercer as suas funções. Ao mesmo tempo, a entrega de metade dos bens dos duques significava que a sua capacidade de atuação independente diminuiria consideravelmente e que o Estado Lombardo voltaria a ser mais coerente: *Huius in diebus ob restaurationem regni duces qui tunc erant omnem substantiarum suarum medietatem regalibus usibus tribuunt, ut esse possit, unde rex ipse sive qui ei adhaererent eiusque obsequiis per diversa officia dediti alerentur.*[66] [67] O reinado de Authari é também recordado por um acentuado aumento da segurança, o que aponta para a inevitável conclusão de que, durante o período do poder ducal, se registaram muitas perseguições: *Populi tamen adgravati per Langobardos hospites partiuntur. Erat sane hoc mirabile in regno Langobardorum: nulla erat violentia, nullae struebantur insidiae; nemo aliquem iniuste angariabat, nemo spoliabat; non erant furta, non latrocinia;*

[65] *HL*, SS rer. Germ. 48, Lib. III, cap. 35, pág. 140.
[66] Butler, 2004, 771-93 esp. 787 para Theudelinda.
[67] *HL*, SS rer. Germ. 48, Lib. III, cap. 16, pág. 123.

unusquisque quo libebat securus sine timore pergebat.[68]

Pouca atenção foi dada ao comentário de Paulo, que relaciona a segurança interna do Estado com a divisão das populações locais entre os senhores lombardos. Para começar, quem são essas pessoas que se dividiam entre os senhores lombardos? A meu ver, é pouco provável que fossem membros da nobreza romana, de quem, apesar de todos os comentários adversos de opressão, os reis lombardos necessitavam para os deveres civis e cujas posses fundiárias originais poderiam constituir uma base sólida para a alimentação e a coleta de impostos. Afinal, com a guerra em curso com os bizantinos e os francos, Authari teria poucas vantagens em privar esta classe da totalidade dos seus bens. Se considerarmos que, no final do século VII, Paulo se refere a uma rapariga romana, Teodote, como sendo de origem patrícia e vivendo em Pavia: *Quae cum in balneo Theodotem, puellam ex nobilissimo Romanorum genere ortam, eleganti corpore et flavis prolixisque capillis pene usque ad pedes decoratam vidisset,* etc.,[69] então, certamente, algumas pessoas da nobreza podem não ter sofrido tanto. As coisas podem ter sido diferentes tanto para as classes baixas romanas como para as várias nacionalidades que acompanharam os Lombardos a Itália. Ao contrário da sinistra noção de escravatura que se insinua, esta medida deve ser interpretada como uma distribuição protofeudal de terras, de acordo com o sistema germânico prevalecente. Os nobres lombardos tornaram-se responsáveis não só por alimentar o tesouro público com impostos, mas também pela proteção da população nas suas terras e pelo aumento da segurança. Uma administração lombarda bem organizada estaria em posição de se destacar melhor contra os seus rivais, o que explica o facto de terem conseguido expandir-se para sul e manter a sua integridade durante os contínuos ataques francos. É lamentável que, devido ao seu arianismo convicto e à "boa imprensa" e capacidade reconhecida do seu sucessor, o curto reinado de Authari tenha sido subestimado e os seus feitos pessoais diminuídos. No entanto, não só conseguiu assegurar a estabilidade interna, como foi capaz de lidar com sucesso com os francos, expandir o poder lombardo para o sul e continuar o cerco a Roma.

O renascimento da realeza lombarda por Authari não é o único desenvolvimento significativo do ano 584. A primeira pessoa com o título de *exarca*, o patrício Smaragdus, aparece pela primeira vez em 585.70 Isto significou a formação de uma nova instituição, com um oficial militar plenipotenciário à frente da administração italiana e, mais tarde, africana. O plenipotenciário militar seria, assim, responsável tanto pela atividade militar como pela atividade civil nos territórios bizantinos, mas isso significava, na realidade, o controlo das províncias da Itália central, em torno dos dois principais pólos de administração, Ravena e Roma, e uma presença menos apertada nas províncias do sul, cujos duques parecem manter um maior controlo sobre os assuntos locais, e ainda um controlo menos apertado sobre Veneza, a única possessão bizantina segura do norte para além da zona de guerra. O controlo de todos os territórios, como a Ligúria, que permaneceria bizantina durante alguns anos, seria igualmente mantido. Uma vez que a administração italiana já se encontrava em processo de militarização desde os tempos de Justiniano, não é claro se o ano de 584 assinala formalmente um novo desenvolvimento, ou simplesmente o nosso engano em acreditar nisso, devido à existência de provas documentais. Mas se assim for, então a eleição de Authari deve ser colocada muito cedo no ano, para permitir a formação da nova instituição. No entanto, outros factores podem ter estado na origem desta mudança, como o cerco simultâneo de Roma pelo duque de Espoleto e o avanço para Benevento, que pela primeira vez é referido como um ducado separado durante o reinado de Authari.[70] [71] Num artigo publicado em 2003 no *Jahrbuch der Österreichischen Byzantinistik*, Franziska Schlosser tentou analisar os objectivos da corte bizantina ao formar este novo dignitário.[72] A autora conclui, com razão, que Maurício tinha razões práticas para confiar a um funcionário com poderes acrescidos para governar as províncias ocidentais, mas tenho dificuldade em concordar com a sua argumentação, que compara o novo cargo com o dos reis bárbaros, nomeadamente Teodorico, o Grande, no passado. Para começar, uma vez recuperadas as terras ocidentais, não haveria necessidade de o imperador criar dois cargos muito poderosos no Ocidente, tanto mais que a África, a

[68] *HL*, SS rer. Germ. 48, Lib. III, cap. 16, pág. 123.
[69] *HL*, SS rer. Germ. 48, Lib. V, cap. 37, pág. 201.
[70] Carta II do Papa Pelágio II, MGH Ep. II, 441.
[71] Brown 1984, 50-55.
[72] *JÖB* 53, (2003), 27-45, especialmente 33-45.

segunda região sob um *exarca*, não se encontrava numa posição tão profundamente perigosa como a Itália. Em segundo lugar, o facto de o cargo de *pretoriano* ter continuado a existir durante algum tempo, mesmo num estado muito degradado, significa que o *exarca* não devia reivindicar a autoridade civil *in perpetuo*. Em terceiro lugar, a acreditar em Teofilacto Simocatta, Maurício conferiu, no seu testamento, o domínio do Ocidente ao seu segundo filho Tibério.[73] Pelo próprio texto, torna-se claro que a intenção de Maurício era apenas a aquisição de responsabilidades e não a divisão do império. Assim, os seus outros filhos participariam na aquisição das restantes partes, presumivelmente as regiões centrais. Este acordo parece estar de acordo com o que Teodósio, o Grande, pretendia criar em 395, ou seja, a divisão administrativa de um império unido. A diferença é que Maurício jogou ainda mais fortemente a carta do parentesco, atribuindo a responsabilidade administrativa aos seus outros filhos, garantindo assim a preservação e o controlo do império e dos chefes de administração por parentes próximos e uma única família. É, pois, justo concluir que, com tais planos em mente, era pouco provável que Maurício considerasse a criação dos exarcados como uma solução administrativa permanente, mas sim como um meio prático de lidar eficazmente com uma situação militar já difícil.

A 6 de outubro de 584, o papa Pelágio II (579-90), escreveu a primeira das suas cartas sobreviventes[74] enviada para o então diácono e *apocrisiário* papal em Constantinopla, Gregório, o futuro Gregório Magno. Foi trazida por um notário, Honoratus, e um bispo, Sebastianus. O objetivo desta carta era instruir Gregório a procurar assistência imperial para o envio de reforços para Roma e para a Itália bizantina em geral, que se encontrava em graves condições devido à expansão lombarda. É feita referência a um patrício Décio, que alguns estudiosos consideram como sendo um portador desconhecido do título de *exarco*, anterior ao primeiro portador conhecido desta dignidade, o patrício Smaragdus, que é bem conhecido por ter erigido uma inscrição, na base de uma coluna dedicatória erguida no fórum romano, em honra do imperador seguinte Focas (602-10) que o chamou de volta ao serviço e ao seu antigo posto.[75]

A inscrição em si é bastante informativa no que respeita a Smaragdus. É a partir da inscrição, que segue os padrões estilísticos habituais, que ficamos a saber que o eretor da coluna, o patrício e *exarca* Smaragdus, era um antigo *praepositus sacri cubiculii*. Isto pode muito bem significar que era um *eunuco*, tal como o seu grande antecessor como governador de Itália, Narses. Foi *exarca* em 584-5, mas depressa foi chamado de volta a Constantinopla depois da sua ação arrogante contra o *patriarca* cismático de Aquileia, Elias, que tinha prendido.[76] No entanto, pode ser igualmente possível que o seu mandato como *praepositus* se situe entre 585-603 e que a sua chamada a Constantinopla não tenha nada a ver com o desfavor de Maurício. Se assim for, a sua chamada deve ser interpretada mais como um favor pessoal do que como uma desgraça. É igualmente de supor que Smaragdus tenha podido mudar de lado a tempo, durante a revolta de Focas, para ganhar a confiança do novo imperador e regressar a Itália. Não é, pois, de estranhar que a iniciativa de erigir a coluna e a estátua de Focas, incluindo a inscrição, seja do *exarca* de confiança, cujas palavras dedicatórias reflectem mais um estado de gratidão pessoal pela riqueza que conseguiu acumular, do que uma iniciativa senatorial ou papal como resultado do regresso de uma espécie de paz e prosperidade.[77] [78] [78]

O reinado de Authari coincide com a formação, pelos Lombardos, de um ducado meridional em Benevento, atribuído a um certo Zotto, que terá conservado o ducado durante cerca de vinte anos: *Fuit autem primus Langobardorum dux in Benevento nomine Zotto, qui in ea principatus est per curricula viginti annorum.*78 Uma vez que Benevento manteve a tradição lombarda muito depois de o estado de Pavia ter caído nas mãos de Carlos Magno, foram feitas tentativas para alcançar uma maior precisão cronológica, bem como para fornecer uma lista completa dos seus duques. Assim, um catálogo de duques da catedral de Santa Sofia indica que, quando Simbaticio tomou Benevento em nome dos bizantinos, era o ano 330th da ascensão de Zotto

[73] Theoph. Sim. VIII 11.9; Ver também Whitby 1988, 228; Shlosser 2003, 39.
[74] MGH Ep. II, 440 sq.
[75] Ver especialmente Meier, *BZ* 107/1, 139-140.
[76] Os efeitos da controvérsia sobre a controvérsia dos *Três Capítulos* na política italiana serão tratados em pormenor num capítulo posterior.
[77] Verduchi, 1993, 307; Meier, 2014, 140.
[78] *HL*, SS rer. Germ. 48, Lib. III, cap. 33, pág. 138.

a duque: *Cuius temporibus Simbatcus stratigos cum valida Graecorum manu venit Beneventum Idus lulii, et tenuerunt eam annos 3 et menses 9 et dies 20. Hoc tempore completi sunt anni 330 et menses 5 a Zotto primo duce Beneventi, quibus Longobardi primatum tenuerunt Beneventanae provinciae.*[79] [80] [80] Este episódio é geralmente considerado como tendo ocorrido em 891, o que significa que a chegada de Zotto a Benevento é colocada no ano 561, o que é obviamente insustentável. Muito mais próxima da verdade está uma passagem de uma crónica dos duques de Benevento, Salerno, Cápua e Nápoles, que situa a ascensão de Zotto em 583: *583. ind. 1. Mauricius a. 20. m. 3. Huius primo anno prima indicione in Benevento primus dux factus est Zotto, qui sedit annis 20.*80 Mesmo que o ano de 583 preceda a ascensão de Authari, a diferença de tempo é tão pequena que o domínio de Zotto sobre Benevento pode ser concomitante com a elevação de Authari ao trono lombardo.

Uma outra história narrada por Paulo no anterior capítulo 33 do livro III, segundo a qual Authari marchou até ao extremo sul da península e fixou uma reserva na sua extremidade, é difícil de acreditar, uma vez que uma incursão tão profunda teria causado estragos no extremo da Itália, algo que é contrário aos relatos existentes. Tal como os seus antecessores, Authari teve de lidar com o grave problema dos francos, uma vez que os bizantinos foram ouvidos com agrado na corte austrásica, na sua tentativa de persuadir a Austrásia a enviar tropas para Itália em troca de substanciais prestações em dinheiro. Como já foi referido, uma primeira expedição do rei austrasiano Childebert II a Itália situa-se pouco depois ou pouco antes da ascensão de Authari, certamente em 584. Esta expedição conduziu a uma derrota dos Lombardos, que se encontravam muito sobrecarregados. Tendo em conta os sucessos posteriores de Authari em impedir as expedições francas, deve concluir-se que ele não estava devidamente instalado na altura, ou que teve pouco tempo para preparar as forças lombardas para uma defesa adequada. Não há razão para acreditar na narrativa bombástica de Gregório de Tours, que serve os seus próprios objectivos, mas é plausível que os francos tenham adquirido alguns postos fronteiriços e, sobretudo, passagens alpinas estratégicas. Uma segunda expedição, organizada pelos duques da Austrásia em 585, foi conduzida com tão pouco entusiasmo que não teve mais sucesso.[81] Brunhilde conseguiu mais uma vez afirmar a sua posição e, como Ingund morreu provavelmente em Cartago, fez todos os esforços para recuperar o seu neto Athanagild, que tinha sido levado para Constantinopla. Tanto ela como o seu filho Childebert II sabiam que o caminho para tal passava por Itália e, por isso, foram organizadas várias expedições contra os Lombardos. Este padrão só foi alterado em 590, quando a Austrásia fez a paz com os Lombardos, talvez quando o jovem Athanagild seguiu a sua mãe até ao túmulo. Tendo em conta o espaço de seis anos, Authari deve ser considerado como tendo sido devidamente bem sucedido em repelir as contínuas incursões francas. O seu envenenamento foi um golpe do destino que permitiu ao seu igualmente digno sucessor, Agilulf, colher os frutos do sucesso que Authari merecia.

B. Agilulf

Ao contrário de Authari, o reinado de Agilulf (590-616) é relatado com grande pormenor, segundo os padrões lombardos, e é-nos permitido ver as várias reviravoltas que envolveram os *exarcas* bizantinos, o papado especialmente ativo, uma vez que o governo de AgihilT coincide com o papado de Gregório Magno (590-604), os francos e os desenvolvimentos internos na corte lombarda. Para além de Agilulf, surge um papel muito especial para a sua esposa católica Theudelinda, que participa ativamente na orientação dos Lombardos para o cristianismo católico. Também não há dúvidas de que Agilulf era um governante forte e capaz, à vontade tanto na guerra como na paz, e um realista que compreendeu que o esquema proposto de aproximação ao catolicismo, patrocinado pela sua mulher, era o melhor caminho a seguir pelo Estado Lombardo. Revelou-se um administrador hábil, capaz de equilibrar actos de guerra e de paz e o primeiro governante de que se tem notícia a conceder privilégios a instituições católicas, como o mosteiro de S. Columbano em Bobbio, fundado em 612, e a igreja de Milão, privilégios fortemente contestados por eminentes clérigos da reforma cluniacense, como o cardeal Humberto de Silva Cândida, no século XI. Não há dúvida de que grande parte desta obra pertence à influência de Theudelinda, mas é de duvidar que pudesse ter sido realizada sem o consentimento de

[79] *Catalogus ducum Beneventanorum e cod. Sanctae Sophiae Beneventanae* (-1085) SS 3, pág. 201, l. 29.
[80] *Chronicon ducum Beneventi, Salerni, Capuae et Neapolis (*518-649) SS 3, p. 211, l. 37.
[81] Goffart 1957, 117.

Agilull. Então, porque é que ele optou por permanecer ariano, ou mesmo pagão, segundo Stephen Fanning?[82]

Para começar, e ao contrário da afirmação de Everett de que Agilulf também se teria convertido ao catolicismo[83] , é difícil associar esta visão ao facto de se ter abstido de realizar uma cerimónia ou declaração mais universal, que teria sido saudada por Gregório Magno ou pelos seus sucessores. Não há notícia de tal ação, e os *Diálogos*, enviados para a corte lombarda, destinavam-se à rainha católica Theudelinda. Nesta fase inicial, qualquer conversão ao catolicismo por parte do rei, numa altura de contínuos atritos com Bizâncio e com os Francos, poderia pôr em risco a deslealdade de muitos duques lombardos, a agitação geral e o seu trono. Este risco está bem patente no derrube do seu filho e sucessor Adaloaldo, em 626, por um opositor ariano, Arioaldo, que soube aproveitar as lacunas do seu antecessor. Assim, Agilulf, que não era insensível ao catolicismo, tomou medidas para não perturbar a paz interna. O seu apreço pelo catolicismo foi demonstrado ao fazer com que o seu herdeiro Adaloald fosse batizado como tal, antecipando que, na altura da sua subida ao trono, o Estado estaria pronto para uma mudança. Em segundo lugar, foi mais do que simpático ao acolhimento de S. Columbano e dos seus discípulos, a quem encorajou a estabelecer-se em Bobbio. Em terceiro lugar, concedeu privilégios tanto a Bobbio como à Igreja milanesa e manteve boas relações com o Papa. A sua tentativa de conquistar a confiança da população italiana tinha também uma motivação política, favorecendo assim as tendências divisionistas nos territórios do exarcado. É de notar, como veremos, que os bizantinos foram os responsáveis pelas acções hostis que provocaram o conflito, e não os lombardos, após a conclusão da paz com os cidadãos de Roma por iniciativa de Gregório Magno em 593. Há, no entanto, um fator que tem sido subestimado. A subida ao trono de Agilulfo deveu-se ao desejo da jovem e respeitada rainha do falecido Authari. Foi-lhe permitido escolher o novo rei e, por conseguinte, o seu novo marido, que era um parente de Authari. A não ser que

Se Theudelinda não estivesse certa da sua capacidade e da sua intenção de avançar para uma via de conversão ao catolicismo, teria recusado escolhê-lo. As rainhas dos governantes germânicos tinham-se revelado mais do que uma vez dinâmicas e muito respeitadas. Na própria Itália, foi há pouco menos de cinquenta anos que a filha de Teodorico, Amalasuntha, foi autorizada a governar como tutora do seu filho Atalárica, e quando o seu primo Teodáade quebrou a sua promessa e a mandou assassinar quando ela lhe ofereceu o reino, isso levou a uma guerra com Justiniano e ao seu eventual derrube. Para além disso, apenas um ano antes da ascensão de Agilulf, o rei Reccared (586-601), converteu-se ao catolicismo, acabando assim definitivamente com o arianismo visigótico. Não é de admirar que este facto não tenha escapado à atenção do novo rei.

O segundo indício deste processo cuidadoso e, possivelmente, de simpatias inclinadas, é o tratamento favorável que deu a S. Columbano, quando o encorajou a estabelecer-se na Itália lombarda e lhe concedeu permissão para construir o mosteiro de Bobbio em 612, onde S. Columbano e os seus discípulos fizeram a sua base. Como veremos, Bobbio foi privilegiada por Agilulf, que parece ter sido o primeiro rei lombardo a conceder amplos privilégios a instituições eclesiásticas, quer em Bobbio, quer, significativamente, à igreja de Milão, fortemente contestada, num outro contexto que a envolveu de novo, pelo douto cardeal do século XI, Umberto da Silva Cândida. Se estes privilégios foram tratados como genuínos e contestados pelo erudito cardeal no século XI, não há qualquer razão para os tratar como uma falsificação por parte dos apoiantes da igreja milanesa. Agilulf foi o mesmo rei que cultivou boas relações com Gregório Magno, tomou precauções em conjunto com a sua rainha para que o seu filho abraçasse o catolicismo, e o mesmo rei que apoiou vigorosamente a fundação de Bobbio. O seu realismo político é também visível no facto de ele próprio ter evitado mudar de religião, pois, ao contrário de Reccared, teve de enfrentar a rivalidade dos grandes duques, que consideravam escassa a justificação da sua eleição como rei.

A ascensão de Agilulf ao trono é abordada num contexto fabuloso por Paulo Diácono, primeiro através de uma profecia, depois através dos poderes da rainha. Foi durante o casamento de Authari, no dia de maio, que os duques se aproximaram de Verona, entre os quais o duque de Turim, Agilulf, que ouviu o forte ruído da rutura de uma lenha, provocada por uma certa perda de equilíbrio de um objeto de bronze na parte interna do quartel-general do rei, que o levou a pedir explicações a um dos seus jovens seguidores, que parece ter sido

[82] Fanning, 1983, 256-57; Everett, 2003, 58 n. 27, 60sq.
[83] Everett, 2003, 60.

dotado do mérito da profecia. Este predisse-lhe que a noiva iria em breve tornar-se sua esposa, ao que Agilulf o ameaçou de morte, caso revelasse o facto a alguém: *Erat autem tunc ibi inter ceteros Langobardorum duces Agilulf dux Taurinensium civitatis. Quo in loco cum perturbato aere lignum quoddam, quod in regiis septis situm erat, cum magno tonitruorum fragore vi fulminis ictum fuisset, habebat tunc Agilulf quendam de suis aruspicem puerum, qui per artem diabolicam, quid futurum portenderent ictus fulminum, intellegebat. Erat autem tunc ibi inter ceteros Langobardorum duces Agilulf dux Taurinensium civitatis. Quo in loco cum perturbato aere lignum quoddam, quod in regiis septis situm erat, cum magno tonitruorum fragore vi fulminis ictum fuisset, habebat tunc Agilulf quendam de suis aruspicem puerum, qui per artem diabolicam, quid futurum portenderent ictus fulminum, intellegebat. Qui secrete, cum Agilulf ad requisita naturae resideret, eidem dixit: "Mulier ista, quae modo regi nostro nupsit, tua non post multum tempus coniux futura est".*[84] [85] Mais adiante, ao descrever o casamento de Agilulf com Theudelinda, Paulo afirma que ele era parente de Authari: *Quidplura? Celebrantur cum magna laeticia nuptiae; suscepit Agilulf, qui fuerat cognatus regis Authari, incoante iam mense Novembrio regiam dignilalem.8*

Não é claro se a rainha decidiu escolher o duque de Turim como consorte devido às suas virtudes e idoneidade, ou porque era parente do seu anterior marido. Dado, porém, que era costume geral entre os Lombardos, bem como noutros povos germânicos, atribuir grande importância aos laços familiares de parentesco, não seria de admirar que a rainha pudesse combinar um homem prudente e um guerreiro capaz com um parente do antigo rei.

A história relatada por Paulo precisa, a meu ver, de ser expurgada da narrativa essencialmente romântica. [th]Paulo diz que, depois de Authari ter sido envenenado em Pavia, a 9 de setembro, os Lombardos permitiram que a rainha escolhesse o seu novo rei, não necessariamente o seu consorte. Este facto constituiu certamente uma medida de grande respeito da sua parte e deve ter sido o reconhecimento da influência estável e positiva de Theudelinda durante o governo de Authari. É uma questão de conjetura se o facto de o rei ter permanecido ariano, apesar da sua rainha católica, desempenhou um papel nesta decisão. Pouco se sabe sobre o comportamento de Theudelinda durante o governo de Authari, mas ela é sempre descrita como muito popular. Consultando os notáveis lombardos, a decisão da rainha recaiu sobre Agilulf. Era um homem vigoroso, bom guerreiro e de boa forma: *Erat enim isdem vir strenuus et bellicosus et tam forma quam animo ad regni gubernacula coaptatus.*[86] Pouco depois, foi chamado pela rainha, que, depois de lhe ter dito algumas palavras, o induziu a beber um pouco de vinho. Tendo ela própria bebido um gole, ofereceu-lhe o copo para beber. Quando ele se inclinou para lhe beijar a mão, ela sugeriu-lhe que lhe desse um beijo nos lábios: *Qui cum ad eam venisset, ipsa sibi post aliquod verba vinum propinari fecit. Quae cum prior bibisset, residuum Agilulfo ad bibendum tribuit. Is cum reginae, accepto poculo, manum honorabiliter osculatus esset, regina cum rubore subridens, non deberi sibi manum osculari, ait, quem osculum ad os iungere oporteret* .87 É de perguntar como foi possível que os notáveis lombardos convocados por Teudelinda não incluíssem Agilulf entre eles. Afinal, mesmo que ele não estivesse presente, é pouco provável que um grupo de notáveis lombardos conhecesse a decisão da rainha, e que o duque de Turim a desconhecesse. Mas Paulo é um historiador e um contador de histórias, e este conto muito atrativo, que poderia ter passado a fazer parte da tradição oral lombarda, adequava-se certamente ao seu objetivo. Temos de concluir que esta pequena história é apenas uma invenção ou, pelo menos, um facto posterior.

Há ainda outro pormenor a considerar. O segundo casamento de Theudelinda teve lugar cerca de dois meses após a morte do seu primeiro marido. A sua coroação oficial foi adiada para o mês de maio seguinte. Poderá isto ser uma indicação de duplo realismo por parte de Teudelinda? Não há razão para crer que ela não tivesse sentimentos por Authari, mas era imperativo que tomasse uma decisão política rápida, antes que o seu estatuto de viúva fosse posto em causa com a aproximação de outros possíveis pretendentes. Assim, um casamento rápido significava que o seu destino como rainha estaria ligado ao do seu novo consorte. Uma tentativa de usurpação por parte de qualquer duque significava usurpação contra ela, bem como contra Agilulf.

---

[84] *HL*,SSrer . Germ. 48, Lib. III, cap. 30, pag. 135.
[85] *HL*,SSrer . Germ. 48, Lib. III, cap. 35, pag. 141.
[86] *HL*,SSrer . Germ. 48, Lib. III, cap. 35, pag. 140.

A coroação, ao mesmo tempo, assumiu um carácter mais universal e espetacular. Foi adiada para o mês de maio seguinte, para permitir que os Lombardos se reunissem em Milão quando o inverno terminasse: *Celebrantur cum magna laeticia nuptiae; suscepit Agilulf, qui fuerat cognatus regis Authari, incoante iam mense Novembrio regiam dignitatem. Sed tamen, congregatis in unum Langobardis, postea mense maio ab omnibus in regnum aput Mediolanum levatus est.*[87 87 88] Esta situação deu ao casal real tempo para estabilizar a sua posição face a possíveis duques rivais, mas também para forçar os notáveis lombardos a aclamá-los como seus governantes.

O reinado de Agilulf abrange a última parte do livro III e quase todo o livro IV. Paulo é particularmente informativo sobre vários aspectos do seu reinado, evidentemente citando em grande parte Secundo de Trento, um bispo que escreveu uma pequena história sobre a origem e a descendência dos Lombardos para Itália. Uma das fontes, a *Historia Langobardorum Codicis Gothani*, conserva uma variante diferente do seu nome Agilwald, que, reconhecidamente, parece ser uma forma mais arcaica, se não mesmo uma distorção. Esta informação é acompanhada pela sua descrição como Turigus que veio de Turim: *Et venit agilwald dux turigorum de taurini, etc.*[89] Isto implica que o autor está consciente de uma origem turíngia para Agilulf, ao mesmo tempo que está consciente de que ele era duque de Turim. Dado que a palavra Turigus pode ser facilmente mal interpretada e que a fonte é um texto de finais do século IX, esta afirmação deve ser tratada com cautela. Além disso, Paulo Diácono, que é uma fonte mais antiga, ou o *Origo Gentis Langobardorum* para este efeito, não fazem tal afirmação. Sabe-se também que ele era parente de Authari, que é conhecido por ter sido membro do clã Beleos, que produziu reis no passado. Não há provas da existência de um grande contingente turíngio entre os lombardos nessa altura, mas não há razão para negar a Agilulf a ascendência turíngia durante algumas gerações ou o facto de ter estado à frente de um contingente turíngio no exército lombardo. No entanto, devemos ter quase a certeza de que, se ele tivesse alguma reivindicação de origem turíngia, era um lombardo plenamente consciente.[90]

Não se sabe se a possível origem estrangeira de Agilulf desempenhou algum papel em alguma oposição ducal antecipada, mas, pelo que diz Paulo Diácono, a oposição ducal ao rei era considerável, especialmente dos ducados do norte. Assim, depois de ter assegurado o regresso de alguns cativos lombardos, que foram resgatados a expensas pessoais da rainha Brunhilde, o rei passou a lidar decisivamente com os duques. Da narrativa de Paulo, podemos discernir um tratamento caso a caso. Assim, enquanto o duque da ilha de San Giulio[91] , Mimulf, foi morto por se ter aliado aos francos, o seu homólogo Gaidulf, de Bérgamo, que iniciou uma rebelião na sua própria cidade, foi perdoado após a troca de reféns: *His diebus Agilulf rex occidit Mimulfum ducem de insula Sancti Iuliani, eo quod se superiori tempore Francorum ducibus tradidisset. Gaidulfus vero Pergamensis dux in civitate sua Pergamo rebellans, contra regem se communivit; sed datis obsidibus pacem cum rege fecit.*[92] Não tardou a haver uma segunda rebelião de Gaidulf, que desta vez fugiu para a ilha do lago Commo. Depois de Agilulf ter mandado capturar a ilha e levar para Pavia o tesouro que os romanos aí tinham guardado, o duque, que fugiu pela segunda vez para Bergamo, acabou por ser perdoado: *Rursum se Gaidulfus in insula Comacina seclausit. Agilulf vero rex in eandem Comacinam insulam ingressus, homines Gaidulfi exinde expulit et thesaurum, quem ibidem a Romanis positum invenerat, Ticinum transtulit. Gaidulfus vero iterato Pergamum confugiens, ibique ab Agilulfo rege obtemptus, rursus in gratia receptus est.*[93]

Em breve se registou uma nova revolta, desta vez do duque de Treviso, Ulfari, cujo destino não é conhecido após a sua derrota: Paulus Diaconus, Historia Langobardorum SS rer. Germ. 48, Lib. IV, cap. 3, pag. 145: *Rursum se Gaidulfus in insula Comacina seclausit. Agilulf vero rex in eandem Comacinam insulam*

[87] *HL*, SS rer. Germ. 48, Lib. III, cap. 35, pág. 141.
[88] *HL*, SS rer. Germ. 48, Lib. III, cap. 35, pág. 141.
[89] *Historia Langobardorum Codicis Gothani*, SS Rer. Lang., 5-11, secção 6.
[90] Para uma evolução completa do nome Agilulf, Haubrichs, 2005, 94, que não comenta uma possível origem turíngia.
[91] Atualmente, Isola di San Giulio d' Orta no lago de Orta, perto de Novara, no Piemonte.
[92] *HL*, SS rer. Germ. 48, Lib. IV, cap. 3, pág. 145.
[93] *HL*, SS rer. Germ. 48, Lib. IV, cap. 3, pág. 145.

ingressus, homines Gaidulfi exinde expulit et thesaurum, quem ibidem a Romanis positum invenerat, Ticinum transtulit. Gaidulfus vero iterato Pergamum confugiens, ibique ab Agilulfo rege obtemptus, rursus in gratia receptus est. Rebellavit quoque dux Ulfari contra regem Agonem aput Tarvisium et obsessus captusque est ab eo.[94]

A revolta seguinte ocorreu mais de seis anos depois, muito provavelmente em 599 ou 600, uma vez que Calínico era *exarca* em Ravena antes de junho de 597[95] (substituiu o seu antecessor Romanus, que parece ter morrido antes de abril de 596)[96] e Teodorico II (595-612) era rei da Borgonha. O duque de Verona, Zangrulf, liderou uma revolta mal sucedida que levou à sua condenação à morte pelo rei vitorioso: *Post haec Ago rex rebellantem sibi Zangrulfum Veronensium ducem extincxit.*[97] É tentador relacionar esta nova rebelião com o início da guerra civil em França, ou mesmo como uma possível maquinação dos neustrais para aniquilar qualquer apoio possível dos seus aliados lombardos aos borgonheses. É também de notar que Zangrulf era duque de Verona, ou seja, mais um importante ducado do norte, próximo dos desfiladeiros alpinos.

Por volta de 603, ou pouco depois, deu-se uma nova insurreição ducal, que envolveu uma discórdia interducal entre Gaidoald, duque de Trento, e Gisulf de Friuli, ambos pertencentes ao círculo íntimo dos associados do rei. Não é claro se esta querela envolveu o próprio rei, mas, pelo texto de Paulo, é provável que o rei tenha tido de mediar e tolerar uma dissidência privada: *Hoc anno Gaidoaldus dux de Tridento et Gisulfus de Foroiuli, cum antea a regis Agilulfi societate discordarent, ab eo in pace recepti sunt.*[98]

Para o *Origo Gentis Langobardorum*, que não faz qualquer distinção cronológica e que menciona as rebeliões de Zangrulf de Verona, Mimulf de San Giulio e Gaidulf de Bergamo, a pena capital é o destino comum dos três, limitando-se a referir a existência de outras rebeliões: *Et exivit Acquo dux Thuringus de Taurinis, et iunxit se Theudelendae regine, et factus est rex Langobardorum; et occidit duces revelles suos, Zangrolf de Verona, Mimulf de insula Sancti Iuliani et Gaidulf de Bergamum, et alios qui revelles fuerunt;*[99] É curioso que Paulo cometa um desvio tão grave em relação ao destino de Gaidulf, uma vez que este foi o único duque que se revoltou duas vezes e que o *Origo* está cronologicamente mais próximo desses acontecimentos. Também não há forma de saber o que Secundo de Trento, o mais antigo escritor da história lombarda, terá relatado. É, no entanto, incompreensível que Agilulf tenha perdoado duas vezes um duque rebelde, especialmente quando este se encontrava num ducado tão próximo da capital do rei, Milão. O Origo é completado pela Historia Langobardorum Codicis Gothani:[100] *Et venit agilwald dux turigorum de taurini, et iunxit teodelindae reginae, et factus est rex langobardorum, et occidit tres duces rebellos suos, zangrulf de verona, mimolfo de insula sancti juli, et gaidulfo de bergamo, et alios plures rebellos suos.* Mas isto não significa que o rei estivesse em oposição a todos os duques do norte. Quando o duque de Benevento, Zotto, morreu, o rei nomeou Arichis, um friulano, como seu sucessor. Este facto teve consequências profundas para o futuro, uma vez que foi o seu filho, Grimuald, que se tornou rei em Pavia, em 662, e provou ser um dos mais capazes reis lombardos. Se descontarmos a ligação especial de Paulo à família ducal de Benevento, que lhe serviu de patrono e modelo, uma vez que seguiu um rumo semelhante na sua vida, torna-se claro que Benevento, que era o ducado mais distante do reino e de grande importância estratégica, uma vez que se encontrava no centro da luta em curso entre lombardos e bizantinos, precisava de ser guardado por líderes fiáveis e capazes. A isto há que acrescentar que Agilulf pretendia, sempre que possível, amalgamar os bens ducais, enviando um nortenho para o sul e, mais tarde, o sul enviando o seu duque para o norte, para exercer as funções de rei. Desta forma, a aristocracia lombarda mantinha uma coerência nacional que lhe permitia ser destacada para onde o interesse nacional o exigisse, oferecendo-lhe assim uma segunda função, talvez mais importante do que o mero mecenato local. No entanto, não se tratava de uma substituição deste tipo quando um duque possuía descendentes, mas permitia um espaço "nacional" para além do serviço e do mecenato local.

---

[94] *HL*, ibid, 145.
[95] Como mostra a carta VII 26 de Gregório Magno; Norberg, 481.
[96] Brown, 155.
[97] *HL*, SS rer. Germ. 48, Lib. IV, cap. 113, pág. 150.
[98] *HL*, SS rer. Germ. 48, Lib. IV, cap. 27, pág. 156.
[99] *Origo*, cap. 6, pag. 117.9-118.14.
[100] *Historia Langobardorum codicis Gothani* 5-11, secção 6.

Se os reis podiam impor os seus nomeados de confiança ou se eram obrigados pelas circunstâncias a fazer tais escolhas é uma questão de conjetura, mas quando eram fortes, estavam certamente conscientes da importância de tal medida.

Durante o reinado de Agilulf, as relações e os acontecimentos com os reinos francos e no interior destes continuaram a causar problemas aos Lombardos. A política franca em relação aos Lombardos continuou a ser o produto de muitos factores contraditórios. Foi cada vez mais a consequência das divisões e da guerra civil no seio do Estado franco, embora os primeiros anos do seu governo tenham sido uma feliz coincidência para os bizantinos que, ao manterem como reféns a irmã de Childebert II, Ingund, e o seu jovem filho Athanagild em África, puderam exercer uma forte pressão sobre Childebert para que empreendesse expedições a Itália. Da sua parte, pedia cada vez mais ouro a Maurício, mas quando as expedições fracassavam, este exigia o ouro de volta. Entretanto, soube sempre jogar a carta de Ingund e de Athanagild, até que ambos morreram, Ingund possivelmente em 589 e o pequeno Athanagild três anos mais tarde. A nível mais pessoal, não há dúvida de que Brunhilde estava seriamente preocupada com o destino da sua filha e do seu neto, e poderia facilmente sucumbir à pressão bizantina. Nestas circunstâncias, Agilulf teve a sorte de frustrar a última expedição de Childebert, uma vez que a morte de ambos os eminentes reféns eliminou um importante instrumento de pressão bizantina. Pouco depois, eclodiu uma guerra civil que eliminou a capacidade e o interesse dos reinos francos em se envolverem em expedições contra Itália.

Do ponto de vista lombardo, Agilulf poderia chegar a um certo consenso com os austrasianos, no que respeita à libertação de alguns cativos de Trento, que, como relata Paulo, foram comprados e libertados por Brunhilde: *Confirmata igitur Agilulf, qui et Ago dictus est, regia dignitate, causa eorum qui ex castellis Tridentinis captivi a Francis ducti fuerant, Agnellum episcopum Tridentinum in Francia misit.*[101] Dado que Brunhilde estava sob pressão para encorajar as expedições francas a Itália, enquanto esperasse assegurar o regresso do pequeno Atanagildo à Gália, seria difícil supor que ela concluísse a paz com o novo rei lombardo tão rapidamente como Paulo relata após a sua ascensão. No entanto, a morte de Atanagild é datada de 590,[102] caso em que a mudança de política poderia ter uma boa explicação, quer como medida de vingança contra Maurício, quer como desejo sincero de assegurar a paz na sua retaguarda numa altura em que as relações com a Neustria pioravam. A libertação dos cativos afectos ao seu lote pessoal parece ser um outro ponto de reflexão. Pode ser interpretado tanto como um ato de benevolência da sua parte para com Agilulf, querendo assim mostrar a sua boa vontade. Ao mesmo tempo, poderia ser um meio de garantir a abstenção dos lombardos de novas incursões que poderiam alienar os borgonheses na altura em que os seus problemas com Neustria começavam a surgir. No entanto, não há razão para que este gesto não possa ser interpretado como um puro ato de piedade religiosa. O resgate de cativos foi sempre uma atividade regular dos governantes, tanto em Bizâncio como no Ocidente, durante a Idade Média, organizada sobretudo por bispos, mas também por delegados reais e imperiais, que despendiam para o efeito somas substanciais de dinheiro. Além disso, é interessante notar que Brunhilde só tomou esta medida para os cativos que lhe foram atribuídos, ou seja, não interferiu com os cativos levados por outros líderes francos, apesar do seu estatuto real. Isto significa que ela se conformou plenamente com a posição jurídica permanente na Idade Média, segundo a qual os cativos eram propriedade pessoal de quem os aprisionava ou comprava. Mas mostra também que ela queria garantir a paz interna, que teria sido afetada se tivesse decidido impor a libertação e o regresso dos cativos pertencentes a outros.

À medida que os reinos merovíngios se encaminhavam cada vez mais para a guerra civil, era imperativo manter boas relações com os lombardos. Paulo relata que o neto de Brunhilde, Teodorico II (596-613), concluiu um tratado de paz permanente com Agilulf. Este acordo, apenas brevemente relatado na história de Paulo, foi uma medida essencial, uma vez que a guerra começou entre os dois netos de Brunhilde, Theudebert II e Theuderic II, por um lado, e o seu homólogo neustro Chlothar II, por outro: *Hoc etiam tempore Agilulf cum Theuderico Francorum rege pacem perpetuam fecit.*[103] Era lógico que este tratado de paz fosse

---

[101] *HL*, SS rer. Germ. 48, Lib. IV, cap. 1, pág. 144.

[102] Goffart, 1957, 117.

[103] *HL*, SS rer. Germ. 48, Lib. IV, cap. 13, pág. 150; Wood, 47.

celebrado com Teodorico, uma vez que lhe era atribuído o reino da Borgonha, que precisava de ter a sua retaguarda assegurada com um tal acordo. Se tivermos em conta que Paulo relata a morte do *exarca* Romano, geralmente situada em 596, e a chegada do novo exarca Calinico antes da conclusão do tratado, e uma vez que a guerra civil começou por volta de 600, situar este acordo em 599, enquadrar-se-ia perfeitamente na sequência dos acontecimentos. O acordo foi reforçado pela presença dos embaixadores de Theudebert II durante a coroação do filho de Agilulf, Adaloald, como co-governante em Milão, em julho de 605, e o noivado da filha de Theudebert com ele: *Igitur sequenti aestate mense Iulio levatus est Adaloaldus rex super Langobardos aput Mediolanum in circo, in praesentia patris sui Agilulfi regis, adstantibus legatis Teudeperti regis Francorum, et disponsata est eidem regio puero filia regis Teudeperti, et firmata est pax perpetua cum Francis.*[104] É de notar que foi o rei da Austrásia, Teudeberto II, que enviou os seus embaixadores e fez desposar a sua filha com Adaloald. Para além das condições puramente circunstanciais, na medida em que Theuderic II poderia simplesmente não ter uma filha adequada, esta sequência pode ter sido obra de Brunhilde, que desejava assegurar uma aliança lombarda com os seus dois filhos, não podendo obviamente prever a desastrosa desavença entre os dois irmãos seis anos mais tarde.

Uma última referência à manutenção da paz entre o rei e os francos é feita na altura em que o imperador Heráclio (610-641) subiu ao trono bizantino. Uma vez que este relançamento da paz é mencionado por Paulo pouco antes do início da guerra civil entre Teudeberto II e Teodorico II, em 612, altura em que Teudeberto II foi morto, podemos supor que a sua revisão teve lugar em 611. Infelizmente, Paulo, o Diácono, não faz qualquer referência ao rei pelo qual o acordo foi revisto, mas dado o facto de que a filha de Teudeberto seria a consorte de Adaloaldo, é mais provável que a revisão do acordo tenha envolvido os respectivos pais: *Rex vero Agilulf pacem cum imperatore in annum unum itemque in alterum faciens, cum Francis quoque iterato pacis concordiam renovavit.*[105] A morte de Agilulf, que ocorreu cinco anos mais tarde, não alterou o status quo existente, uma vez que os Francos se envolveram no ato final da sua guerra civil, que resultou na morte trágica de Brunhilde e no triunfo dos Neustrianos e do seu governante Chlothar II.

Há ainda um outro caso, bastante paradoxal, que deve ser abordado. São Columbano, o famoso missionário celta, depois de ter passado alguns anos na Borgonha e de ter fundado aí o mosteiro de Luxeil, foi expulso pelo católico Teodorico II, aparentemente devido a críticas à moral frouxa do rei. Juntamente com os seus discípulos, fugiu para a Itália lombarda, onde foi bem recebido pelo ariano Agilulf e pela rainha Theudelinda. Foram-lhe concedidos muitos privilégios e, sobretudo, o direito de construir um mosteiro a 40 quilómetros a sul de Pavia, Bobbio, fundado em 612, que se destacou como local de estudo durante toda a Idade Média: *30. Beatus ergo Columbanus cum vidisset, ut superius diximus, devictum a Theuderico Theudebertum, relicta Gallia atque Germania, Italiam ingreditur, ubi ab Agilulfo Langobardorum rege honorifice receptus est. Qui, largita optione, ut intra Italiam, quocumque in loco voluisset, habitaret, ibi Dei consultu actum est, dum ille poenes Mediolanium urbem moraretur et hereseorum fraudes, id est Arriane perfidie, scripturarum cauterio discerpi ac desecari vellet, contra quos etiam libellum florenti scientia ededit, vir quidam nomine Iocundus ad regem venit, qui regi indicat se in solitudine ruribus Appenninis basilicam beati Petri apostolorum principis scire, in quam virtutes expertus sit fieri, loca ubertatefecunda, aquis inrigua, piscium copia.*[106] É difícil interpretar os motivos de Agilulf, a não ser que atribuamos este tratamento à influência de Theudelinda, ou simplesmente ao realismo, pois o rei apercebeu-se de que, mais cedo ou mais tarde, o catolicismo iria prevalecer no seu reino. No entanto, isto não é, a meu ver, prova de que Agilulf se tenha tornado católico. No máximo, podemos concluir que ele simpatizava com o catolicismo, e o facto de o seu filho ter sido batizado como católico significa que ele foi capaz de prever o curso futuro dos acontecimentos e de respeitar os desejos da grande maioria do seu povo. Seria estranho supor que o batismo católico de Adaloald é relatado como um acontecimento extraordinário e que não é feita qualquer menção explícita à conversão de Agilulf. Este ponto de vista é contrário ao de Shami Ghosh[107] , que acredita firmemente que

---

[104] *HL*, SS rer. Germ. 48, Lib. IV, cap. 30, pág. 159.
[105] *HL*, SS rer. Germ. 48, Lib. IV, cap. 40, pág. 168.
[106] Ionas, *Vitae Columbani* Lib. II SS rer. Germ. 37, Lib. I, cap. 30, pag. 220, l. 10 sq.
[107] Ghosh, 2009, 139sq.

Agilulf foi o primeiro rei lombardo convertido ao catolicismo. A referência de Paulo[108] é ambígua: *Nam pene omnes ecclesiarum substantias Langobardi, cum adhuc gentilitatis errore tenerentur, invaserunt. Sed huius [sc. Theudelindae] salubri supplicatione rex permotus, et catholicam fidem tenuit, et multas possessiones ecclesiae Christi largitus est atque episcopos, qui in depressione et abiectione erant, ad dignitatis solitae honorem reduxit.* A questão crucial é como se interpreta a frase *catholicam fiden tenuit.* Significa, como pensa Ghosh, que o rei se converteu ao catolicismo ou simplesmente que tinha um grande respeito pela fé católica? Penso que é mais lógico optar pela segunda hipótese. Se as súplicas de Theudelinda foram tão fortes e convincentes, então certamente algum autor, e especialmente Paulo Diácono, deve ter relatado este facto, se não por qualquer outra razão, pelo menos pelo descontentamento que poderia ter suscitado entre a substancial porção ariana do povo lombardo. Como governante prudente, Agilulf não deixaria de se aperceber das graves consequências de uma conversão real. Em vez disso, optou, sob a influência e iniciativa da sua rainha, por uma mudança gradual do arianismo, fazendo com que o seu filho fosse batizado como católico. Além disso, se esta suposta conversão tivesse ocorrido antes de 604, ano da morte do papa Gregório Magno, então este facto não poderia ter escapado a uma referência nas suas cartas. Em vez disso, como veremos adiante, o papa usa Theudelinda como seu agente, e as referências a Agilulf apontam apenas para um governante respeitado, mas não para um membro do seu rebanho católico. Assim, não há razão para acreditar que a conversão de Agilulf ao catolicismo alguma vez tenha ocorrido.

As relações entre Agilulf e o império são complexas, porque sofrem várias alterações, e existem muitas informações, nem sempre totalmente coerentes. Para além do relato de Paulo Diácono e de outras fontes lombardas, uma fonte importante é o *Registrum* do papa Gregório Magno, que, pela sua natureza, será tratado num capítulo à parte. Isto conduzirá à análise dos efeitos da controvérsia dos Três Capítulos e das suas consequências para Itália, Bizâncio e os Lombardos num capítulo separado.

O ano de 590, que assistiu à subida de Agilulf ao trono lombardo, viu também a ascensão de duas personalidades dinâmicas, o papa Gregório Magno (590-604) e o exarca Romano (590-ca596), a par de um imperador de grande determinação, Maurício (582-602). Todos eles apareceram com objectivos diferentes. O rei lombardo pretendia reforçar o seu domínio sobre a Itália, conquistando mais território ou, pelo menos, assegurando uma paz mais favorável. As campanhas quase imediatas no centro de Itália, quer por sua iniciativa, quer por iniciativa dos seus duques, nomeadamente o duque de Espoleto, visavam a tomada de Roma, o que teria sido um golpe tremendo para o prestígio do Império, enquanto os papas se encontrariam sob o controlo de governantes não católicos. O facto de Agilulf ser, pelo menos, simpático ao catolicismo, não deve fazer-nos esquecer que, no início da década de 590, a formação desta política era demasiado prematura para se concretizar. Por outro lado, o papa viu-se obrigado a enfrentar, antes de mais, o problema da defesa de Roma, que foi concluído com a assinatura de um tratado separado, que permitiu ao papa assumir o papel de ator principal, na medida em que pôde substituir o imperador bizantino e o seu *exarca* como negociador válido, e isto numa altura em que estava em conflito com o imperador por uma série de questões eclesiásticas e pelo facto de este último não ter enviado tropas adequadas para proteger Roma, ao mesmo tempo que não reconhecia o tratado celebrado entre o papa e o rei até 598. Por fim, Romano, o novo *exarca*, parece ter estado determinado a prosseguir a antiga política de guerra em grande escala. Concentrou-se em travar a guerra na planície do Pó, uma ação justificada pela proximidade da região tanto da sede do exarcado em Ravena como de todos os principais centros lombardos no norte de Itália.

O novo *exarca*, cuja nomeação é quase concomitante com a mudança de governante no trono lombardo, inverteu imediatamente a política defensiva do seu antecessor e decidiu que a guerra direta era a melhor forma de obter resultados frutuosos para o império. Isto leva-nos de volta ao tempo de Justino II, quando a corte imperial se sentiu suficientemente confiante para conduzir uma campanha direta contra os invasores. Talvez esta rápida mudança de política pudesse ser explicada se a corte bizantina tivesse recebido notícias da morte de Authari, mas não da ascensão de Agilulf. Ao atacar os lombardos durante um período de mudança de governante, ou quando o novo governante não podia ter tempo para consolidar o seu domínio, esperavam inverter os seus fracassos anteriores. Neste caso, Romano deve ter assumido a sua administração

[108] *HL*, SS rer. Germ. 48, Lib. IV, cap. 6, pág. 146.

em Itália antes da subida ao trono de Agilfo, pois precisava obviamente de algum tempo para organizar o seu pessoal e assumir ele próprio a condução dos assuntos.

Apesar das contínuas incursões mal sucedidas no passado, Romanus parece ter-se preparado bem para esta primeira expedição no âmbito das suas funções de *exarca*. Não só conseguiu a ajuda de renegados lombardos, como um patrício chamado Nordulf e um *vir gloriosus*, Osso. Foi também apoiado por um grande exército franco.[109] Enquanto os francos se concentravam em atacar o norte, Romano tomou Modena, Altino e Mântua, enquanto os duques de Parma, da região da Emília e de Piacenza se dirigiam ao quartel-general *do exarca* em Mântua, submetendo-se à república e enviando os seus filhos como reféns.[110]

Embora seja improvável que os bizantinos tenham ficado satisfeitos por permitir que os seus aliados francos tivessem liberdade de ação no norte de Itália, a iniciativa de Romano de se concentrar nas cidades do centro-norte de Itália fazia sentido do ponto de vista estratégico, uma vez que podia criar um anel protetor em torno de Ravena e uma cadeia de postos que poderiam impedir um avanço lombardo em direção a Roma, enquanto o ducado de Espoleto ficaria mais isolado. Além disso, como já foi referido, esta situação justifica-se melhor por ter ocorrido antes ou, pelo menos, durante os primeiros dias da ascensão de Agilulf, quando o seu controlo sobre os duques era ainda questionável.

A partir das duas cartas austrasianas acima mencionadas, torna-se claro que foram os bizantinos, sob o comando de Romanus, que começaram por tomar as cidades da Itália central e asseguraram a deserção do filho do duque friulano, Gisulf, para eles, enquanto o seu pai permaneceu leal ao rei lombardo. A meu ver, não há necessidade de presumir que este facto tenha ocorrido na sequência de uma expedição do *exarca* em direção a Veneza, como sugere Christou, uma vez que tal afirmação não é feita.[111] Os duques francos que simplesmente se retiraram durante uma expedição anterior contra Authari em 589 são repreendidos, e é o objetivo principal de ambas as cartas, sendo a carta n. 41, enviada pelo próprio Romano, é convencer Childebert II a dirigir os seus duques para Verona, de modo a que uma ação conjunta possa libertar a Itália dos Lombardos. Para além dos aspectos práticos da comunicação entre o rei e *o exarca*, é importante ver as conotações ideológicas na perspetiva bizantina. Ao fazer com que um funcionário, por mais alto que fosse, se envolvesse numa comunicação direta com o rei, repreendendo-o mesmo indiretamente por permitir que os seus duques regressassem com resultados não alcançados, o império enfatizava o facto de o rei estar quase ao mesmo nível de um alto funcionário da corte, assegurando assim a superioridade hierárquica imperial, que, naturalmente, não podia afetar a ação independente dos governantes da *regna*.

Ao contrário de Christou, e com base no facto de as duas cartas austrasianas acima mencionadas repreenderem os francos pela sua retirada, chamando-os, no41 , pelo próprio Romanus, a prepararem-se para uma expedição conjunta, não me parece haver razão para supor que o ataque franco a Verona e aos castelos vizinhos, que certamente teve lugar durante o governo de Authari, tenha sido em conjunto com uma expedição paralela do *exarca*, o que significaria que a sua nomeação deveria ter ocorrido pelo menos um ano antes. A meu ver, a insinuação de um empreendimento conjunto falhado deveria encontrar-se em qualquer uma das cartas. O mais provável é que a expedição de Romano, que garantiu cidades importantes do centro-norte de Itália, tenha sido o seu primeiro envolvimento militar e possa ter começado pouco depois da morte de Authari, em setembro de 590. Esta ordem enquadrar-se-ia bem na instalação de um duque pró-bizantino, Ariulf, de quem Teofilacto Simocatta faz menção, como general na frente persa, no início do reinado de Maurício, em Espoleto, um ducado de grande importância devido à sua posição estratégica e proximidade de Roma: *o pev oov Irnavvnq T^V naaav n^ndov vpq dvvapsaq TpiTTaiq Kaisscacaio poipaip Kai auToq psv dvsdscaro TOV pa/ipou TO p^cbrarov, Koopq ds TO ds^idv o vnoaTpaTnYoq, Apiooty ds TO Aaiov. Kai rnds nrnq TO, TPITTO, disKSKoapnco <rdtyn.*112 No entanto, é ao mesmo tempo rebuscado e improvável sugerir, como faz Christou,

[109] Christou, 1991, p. 145 e nota 607.

[110] Ibid, *Epistulae Austrasiacae*, 40 e 41.

[111] Contra Christou, 1991, 145, et al.

seguindo Gasparri, Bognetti e Bertolini[112 112 113] , que o novo duque de Benevento, Arichis, um friulano que, segundo Paulo Diácono, foi feito duque de Benevento por Agilulf, era um *federado* bizantino, que recebeu o ducado dos bizantinos. Em primeiro lugar, Arichis era friulano e Paulo, cuja família também era originária de Friuli, estava certamente em condições de conhecer suficientemente bem os feitos das famílias nobres de Friuli. Em segundo lugar, Agilulf, que provou ser mais do que competente, nunca teria permitido que o controlo de um ducado tão importante do ponto de vista estratégico ficasse nas mãos de alguém que serviu Bizâncio no passado. Em terceiro lugar, Paulo é explícito ao afirmar que o rei concedeu o ducado a Arichis aquando da morte do primeiro duque de Benevento, Zotto, depois de este ter exercido o cargo de duque durante vinte anos (cerca de 570-90): *Mortuo igitur Zottone Beneventanorum duce, Arigis in loco ipsius a rege Agilulfo missus successit; qui ortus in Foroiulii fuerat et Gisulfi Foroiulani ducis filios educarat eidemque Gisulfo consanguineus erat.*[114] Certamente que Agilulf não se teria apressado a coroar um antigo federado dos bizantinos como duque de um ducado muito importante tão pouco tempo depois da sua ascensão, a não ser que estivesse confiante na lealdade do novo duque. Em vez de contestar a afirmação de Paulo, faz mais sentido assumir que o rei lombardo agiu rapidamente para assegurar a sua retaguarda, uma vez que o exarca representava uma séria ameaça tanto para o norte como para o vizinho ducado de Espoleto, cujo soberano tinha desertado para Bizâncio.

Partindo do pressuposto da conclusão de um tratado entre Agilulf e os francos em 591, os estudiosos tentaram interpretar a mudança abrupta de sorte dos bizantinos, que controlavam várias cidades no centro-norte de Itália, ficando os francos com o controlo de outras no norte e os duques pró-bizantinos com os ducados do sul. K. Christou sintetiza de forma hábil e lógica esta posição[115] , citando também investigadores anteriores. No entanto, para o presente autor, esta posição baseia-se em demasiadas suposições. Em primeiro lugar, quando Romano apela aos duques francos para que regressem a Itália, está a referir-se a uma retirada e não a um tratado de paz. Se de facto existisse um tratado entre Agilulf e os francos numa fase tão precoce do seu reinado, então o exarca não deixaria de repreender os governantes austrasianos. Pelo contrário, limita-se a repreendê-los pela retirada dos seus duques. Além disso, durante o cerco de Roma, que começou pouco depois, o papa Gregório Magno poderia fazer um apelo aos francos católicos para que usassem a sua força para dissuadir Agilulf de continuar o cerco, especialmente porque as relações do papa com Maurício eram bastante tensas.

Relativamente aos duques lombardos, o único que Agilulf conseguiu conquistar para o seu lado foi Ariulf de Espoleto, uma vez que o duque de Benevento, Arichis, parece nunca ter mudado a sua fidelidade a Bizâncio. Quanto aos três duques do norte mencionados como rebeldes, Mimulf de S. Giulio d' Orta, Gaidulf de Bergamo e Wulfari de Treviso, as suas rebeliões parecem ter ocorrido em momentos diferentes, uma caraterística muito comum da realeza lombarda, e a facilidade com que Agilulf conseguiu subjugar os três apenas aponta para um envolvimento externo mínimo, provavelmente franco e muito certamente bizantino. Com efeito, se Agilulf estava a travar uma guerra contra o *exarcado* e os três duques eram aliados dos bizantinos, é provável que tenha havido um ataque conjunto do norte e do sul. Isto não contribuiria para que o rei conseguisse inverter a situação desfavorável e ganhar vantagem na sua luta contra Bizâncio.

Várias campanhas prosseguiram na planície do Pó até à morte do *exarca* Romano, o mais tardar em 597, e mais provavelmente em 596. É pouco provável que o seu sucessor, Calímaco, que deve ter assumido o poder em 597[116] , tenha continuado com esta política, uma vez que se voltou contra os eslavos da Ístria em 599. Uma vez que nenhuma fonte primária relata esta continuação dos combates, assumida por estudiosos no passado[117] , há que questionar se Calímaco continuou com a política do seu antecessor, considerando que Bizâncio veio a reconhecer oficialmente o acordo que o papa Gregório Magno tinha assinado com os

---

[112] Theophylactus Simocatta, *Historiae* I, 9, 7, 4, 9 8, 4. Christou, 1991, 146, n. 718, Gasparri, 1979, 74, Bognetti, 1966-68, III 456.

[113] Christou 146 n. 719, Gasparri 1, 979, Bognetti III 465, Bertolini, 1952, 25.

[114] *HL*, SS rer. Germ. 48, Lib. IV, cap. 18, pág. 152.

[115] Christou, 1991, 47.

[116] A sugestão apresentada no *PLRE* Callinicus 10 que considero muito sensata.

[117] Citado por Brown, 1984, 93, n. clxvi.

Lombardos em 593 relativamente ao fim do cerco de Roma[118] Seria difícil para o novo *exarca* entregar-se a combates contra os Eslavos da Ístria se ainda estivesse a combater os Lombardos. Mas como podemos interpretar *a* ação *do exarca*? Em primeiro lugar, tal como os ávaros, a forte potência da Europa Central, os eslavos eram um potencial aliado dos lombardos numa zona vital para os bizantinos, uma vez que uma Ístria hostil poderia forçar uma maior pressão sobre o posto avançado lagunar de Veneza, a única fortaleza bizantina segura no norte. Em segundo lugar, a presença bizantina na região exerceria maior pressão sobre os bispos cismáticos e o patriarca de Aquileia, em desacordo com a corte imperial e a autoridade papal.[119] Além disso, se tivermos em conta a campanha bem sucedida de Maurício em 591-2 contra os Avares no Danúbio, é óbvio que o imperador iria querer lidar de forma decisiva com uma área que, para além do seu valor comercial, representava um grave perigo tanto para as áreas do norte e centro dos Balcãs como para o norte de Itália. A grande questão é saber se o novo *exarca* actuou sozinho ou se recebeu tais ordens de Constantinopla. Se, como parece provável, a primeira hipótese estiver correta, então este é o primeiro exemplo de como um *exarca* pôde desenvolver a autoridade plenipotenciária que viria a exercer na devida altura, expondo assim a vulnerabilidade das novas reformas administrativas imperiais.

A próxima ronda de acontecimentos relativos aos bizantinos e aos lombardos é um episódio verdadeiramente estranho, narrado por Paulo Diácono[120] e que relata, sem qualquer explicação, o súbito rapto da filha de Agilulf e do seu marido Gudiscalcus para Parma, pelas tropas *do exarca*[121] , tendo sido conduzidos para Ravena. Não é dada qualquer explicação e o incidente torna-se muito estranho, uma vez que tinha sido estabelecido um acordo entre o rei e *o exarca*. O facto de o casal ter sido conduzido a Ravena confirma a cumplicidade ou, pelo menos, a aprovação tácita de Calínico a este plano que, à primeira vista, parece ser uma provocação injustificada. No entanto, se invertermos a ordem utilizada por Paulo, pode haver uma razão. O autor relata que, nessa altura, o rei lombardo enviou artesãos ao cã ávaro para o ajudarem a construir navios, uma vez que este tencionava capturar uma ilha trácia: *Hoc quoque tempore misit Agilulf rex cacano regi Avarorum artifices ad faciendas naves, cum quibus isdem cacanus insulam quandam in Thracia expugnavit.*[122] É difícil perceber que ilha da Trácia, a acreditar em Paulo, era tão importante do ponto de vista estratégico que levou o *cã* Avar a pedir ajuda aos Lombardos. Ou a Trácia é um erro, ou estamos a falar de uma das ilhas do Danúbio. Isto tornaria tentador relacionar esta ação com a segunda expedição malograda de Maurício contra os Avares, em 601/2, que causou a sua queda. Isto explicaria *a* ação de retaliação *do exarca* contra os Lombardos. Obviamente, Agilulf deve ter-se sentido suficientemente forte para decidir ajudar os ávaros, contando, talvez, que Calinicus não seria capaz de tomar uma ação de alto nível contra ele. Se esta sequência estiver correta, então o rapto do casal lombardo deve ser datado de finais de 601 ou princípios de 692, pouco antes do motim de Focas e do derrube de Maurício.

As primeiras represálias, se relacionadas com o episódio acima referido, tiveram lugar em Pádua, que, segundo a narrativa de Paulo, continuou a revoltar-se contra os Lombardos até ser queimada por um incêndio e Agilulf ordenar a sua total demolição, permitindo ao mesmo tempo que a guarnição bizantina partisse para Ravena: *Usque ad haec tempora Patavium civitas, fortissime militibus repugnantibus, Langobardis rebellavit. Sed tandem, iniecto igni, tota flammis vorantibus concremata est, et iussu regis Agilulfi ad solum usque destructa est. Milites tamen qui in ea fuerunt Ravennam remeare permissi sunt.*[123] O facto de Paulo atribuir a causa da demolição da cidade a um incêndio, deixa espaço para uma coincidência sinistra. No entanto, Agilulf tinha todas as razões para tomar ou destruir Pádua, uma vez que esta se situava bem no interior da planície do Pó e muito perto da Veneza bizantina. Devemos também ter em conta o facto de ter permitido que a sua guarda regressasse a Ravena. Este facto pode apontar para duas possibilidades. Ou o rei queria castigar os habitantes de Pádua, devido à sua contínua resistência, ou queria deixar abertos alguns canais de comunicação com o

---

[118] Para mais pormenores, ver o capítulo seguinte.
[119] Para mais pormenores, ver o capítulo de conclusão do presente estudo.
[120] *HL*, SS rer. Germ. 48, Lib. IV, cap. 20.
[121] Não há razão para supor um ataque em grande escala por parte de Calinicus, como sugerido por Brown, 1984, 74. Mas a datação de 601 é totalmente aceitável para mim.
[122] *HL*, SS rer. Germ. 48, Lib. IV, cap. 20, pág. 154.
[123] *HL*, SS rer. Germ. 48, Lib. IV, cap. 23, pág. 155.

exarca, tendo em conta que a sua filha e o seu genro estavam presos em Ravena.

Paulo não faz qualquer menção à mudança de administração em Constantinopla, mas no capítulo 25, quando é relatado o nascimento de Agilulf e do filho de Theudelinda, Adaloald, conclui com a informação de que Callinicus foi chamado de volta de Ravena e que o primeiro *exarca* conhecido, Smaragdus, foi restaurado lá. Sabe-se que foi estabelecido em 603, pois a inscrição numa coluna do fórum romano que ergueu é datada desse ano: *25. Agilulfo quoque regi tunc nascitur filius de Theudelinda regina in Modiciae palatio, qui Adaloald est appellatus...Per idem tempus, repulso apud Ravennam Gallicino, rediit Smaracdus, qui prius fuerat Ravennae patricius.*[124]

Assim, o nascimento de Adaloald pode ser conjecturado como tendo ocorrido em 602/3.

A queda de Pádua foi seguida, ou ocorreu em simultâneo com um acontecimento ainda mais dramático, ou seja, uma expedição liderada pelo próprio rei que resultou na tomada de Cremona e na sua demolição, seguida da tomada de Mântua que, após a demolição das suas muralhas, escapou ao destino de Cremona. Paulo é muito mais preciso quanto a estes factos: *Erat autem his diebus adhuc discordia Langobardis cum Romanis propter captivitatem filiae regis. Qua de causa rex Agilulf egressus Mediolanio mense Iulio, obsedit civitatem Cremonensem cum Sclavis, quos ei cacanus rex Avarorum in solacium miserat, et cepit eam duodecimo Kalendas Septembris et ad solum usque destruxit. Pari etiam modo expugnavit etiam Mantuam, et interruptis muris eius cum arietibus, dans veniam militibus qui in ea erant revertendi Ravennam, ingressusque est in ea die Iduum Septembrium. Tunc etiam partibus Langobardorum se tradidit castrum quod Vulturina vocatur; milites vero Brexillum oppidum igni cremantes, fugierunt. His ita patratis, reddita est filia regis a Smaracdo patricio cum viro ac filiis ac rebus cunctis; factaque est pax mense nono usque Kalendas Aprilis indictionis octavae.*[125] Para começar, Paulo é muito mais preciso na cronologia destes acontecimentos. Em primeiro lugar, a queda de Cremona é datada de 21 de agosto de 603, enquanto Mântua segue o mesmo caminho pouco depois. Mas é interessante que o destino das duas cidades tenha sido diferente. Cremona foi arrasada, enquanto Mântua teve as suas muralhas levantadas, mas as suas tropas foram perdoadas e autorizadas a partir para Ravena. Como é que se pode interpretar esta abordagem? Parece que Agilulf queria transmitir uma mensagem forte com a destruição de Cremona, que era a mais próxima da sua capital, mas sabia que, se fosse longe demais, a sua filha e o seu genro poderiam ser mortos. Assim, optou por demonstrar um gesto de boa vontade, libertando as tropas mantuanas, enquanto conservava a cidade, cuja queda é datada dos ides de setembro = 14 de setembro. Este facto é bastante lógico, uma vez que as duas cidades são bastante próximas uma da outra.

O rei atacou depois mais duas cidades estratégicas no estuário do Pó, ou seja, muito perto de Ravena, Volterra e Brescello. A primeira foi tomada, enquanto a segunda foi queimada pelos soldados. A narrativa de Paulo não esclarece quais as tropas que queimaram Brescello, mas dá a impressão de que foram as tropas bizantinas que, aterrorizadas, queimaram a cidade e fugiram. Esta ação, que representava uma ameaça real para a capital *do exarcado*, pode ter constituído o catalisador decisivo para a conclusão da paz por um período de seis meses, ou seja, de setembro de 603 (presumivelmente finais de setembro), até ao dia 1 de abril do ano seguinte. No entanto, Paulo relata que o tratado de seis meses foi concluído por Smaragdus, o primeiro *exarca* atestado em Ravena. Como era de esperar, a filha do rei, o seu marido, os seus filhos e todos os seus bens foram entregues aos Lombardos, mas a filha real morreu pouco depois devido às dificuldades que sofreu. Sabe-se que Smaragdus era a favor de relações mais pacíficas. Assim, tendo em conta que o novo regime de Focas seguia uma política de relações pacíficas com os Lombardos, não é claro se a conclusão da paz de seis meses foi o resultado da pronta e decisiva iniciativa de Agilulf contra as fortalezas bizantinas, ou simplesmente o facto de a substituição de Calínico por Smarago, pouco depois de 601, ter sido por si só o sinal de uma mudança de política, o que aponta para os poderes plenipotenciários do *exarca* de Itália. Mas porque é que o tratado de paz só foi assinado por um período de seis meses? A única solução plausível para esta questão é que ambas as partes queriam evitar conflitos durante o inverno, que é particularmente húmido naquela região do centro-norte de Itália. abril era o primeiro mês em que as expedições podiam ser realizadas com mais segurança e,

---

[124] *HL*, SS rer. Germ. 48, Lib. IV, cap. 25, pág. 156.

[125] *HL*, SS rer. Germ. 48, Lib. IV, cap. 28, pág. 157.

presumivelmente, Smaragdus ainda não tinha a certeza das intenções do governo central em Constantinopla. Por isso, talvez quisesse ganhar tempo e descobrir as prioridades do novo imperador. Ao mesmo tempo, Agilulf podia evitar uma expedição de inverno complicada e estar pronto para decidir o futuro do outro lado.

Embora Paulo narre a reviravolta seguinte nas tentativas de concluir um tratado de paz duradouro, a sua narrativa da fase seguinte parece distorcida. No capítulo 32, relata que Smaragdus concluiu um tratado de paz com Agilulf por um ano em novembro seguinte. Deve ser novembro de 604, porque Paulo refere uma invasão de duas cidades toscanas, Bagnoregio e Orvieto: *Sequenti denique mense Novembrio rex Agilulf pacem fecit cum Smaracdo patricio in annum unum, accipiens a Romanis duodecim milia solidorum. Civitates quoque Tusciae, hoc est Balneus Regis et Urbs Vetus, a Langobardis invasae sunt.*[126] Se a lógica for aplicada, não restam dúvidas de que o que Paulo menciona como tendo ocorrido após a conclusão do tratado, ou seja, a invasão das duas cidades toscanas, ocorreu realmente antes do referido acordo de novembro de 604, o que significa que teve lugar entre abril e novembro de 604. Trata-se de uma invasão de pequena escala, que pode ter sido levada a cabo por outro centro de poder dentro do Estado Lombardo, possivelmente os duques de Espoleto. Assim, foi exercida pressão para a conclusão de um tratado de paz mais longo, desta vez com a duração de um ano. O facto de os bizantinos terem de pagar a soma de doze mil solidi, uma quantia nada desprezível, sugere que o carácter do novo tratado excedia em formalidade o padrão regular de tréguas temporárias entre bizantinos e lombardos. Um ano de espaço para respirar seria suficiente para ambas as partes decidirem o seu futuro.

O tratado foi renovado mais uma vez, desta vez por três anos. Paulo é muito lacónico na sua descrição, limitando-se a relatá-la numa única frase, sem oferecer mais pormenores precisos do que a palavra *dehinc* = depois: *Dehinc Agilulf rex iterum fecit pacem cum Romanis tribus annis.*[127] Considerando que o tratado de um ano durou até novembro seguinte, ou seja, novembro de 605, o novo tratado deveria durar até 608. Dado que o rei persa Khusro II Parviz (589-628) iniciou as suas expedições contra Bizâncio em 605, Focas estava disposto a assegurar uma paz mais duradoura em Itália. Por seu lado, não era improvável que também Agilulf desejasse condições estáveis, tanto para pacificar os duques recalcitrantes, como para assegurar a aceitação universal de Adaloaldo como herdeiro do trono. Como calcedónio, Focas tinha total aceitação da Igreja Romana e, nestas circunstâncias, indiretamente com a católica Theudelinda e até com Agilulf.

Paulo não refere duas insurreições que tiveram lugar durante o reinado de Heráclio (610-41). Ambas tiveram lugar em 616, tendo a primeira ocorrido em Nápoles por João de Conza, subjugado pelo antigo *chartulário* e depois *exarca*, o patrício Eleutério, que se revoltou pouco depois. Foi derrotado com a ajuda dos Lombardos e a sua cabeça foi enviada para Constantinopla.[128] No entanto, Paulo retoma a sequência anterior, relatando que o *notário* do rei, Stablicianus, foi a Constantinopla e regressou na companhia de embaixadores imperiais que trouxeram presentes apropriados e concluíram uma paz anual: *Hac etiam tempestate misit rex Agilulf Stablicianum notarium suum Constantinopolim ad Focatem imperatorem. Qui rediens cum legatis imperatoris, facta pace annuali, Agilulfo regi idem legati imperialia munera optulere.*[129] Nada mais se sabe deste Stablicianus, que, a julgar pelo seu nome, devia ser romano, o que se presume pelo facto de ter sido notário, ou seja, um dos poucos *literatos* da corte de Agilulf.

Os factos acima referidos são também descritos por Agnellus, na sua História dos Bispos da Igreja de Ravenna, composta antes de 845. No capítulo 106, ele segue Paulo, ou uma fonte comum com ele, cometendo exatamente os mesmos erros: *Eo quoque tempore praedictus rex Agilulphus notarium suum Stabilisinianum ad Focacem imperatorem legatum misit, dein de cum legatis imperatori revertens, pacem inter utrumque facta, aliquantos annos quieta fuit Italia.*[130] Agnellus situa corretamente os ataques a Bagnoregio e Orvieto entre o fim do acordo de um ano e a sua posterior renovação por três anos, mas confunde os factos relativos ao reinado de Heráclio exatamente com os de Paulo. É também mais exato ao referir que o tratado de 608 seria renovável

---

[126] *HL*, SS rer. Germ. 48, Lib. IV, cap. 32, pág. 159.
[127] Ibid.
[128] Brown, 110.
[129] *HL*, SS rer. Germ. 48, Lib. IV, cap. 35, pág. 160.
[130] Agnellus (qui et Andreas) abbas et presbyter Ravennas SS rer. Lang., cap. 106, pag. 348, l. 12.

todos os anos, em vez de seguir uma duração fixa. Esta estipulação deve ter servido a ambas as partes: Agilulf esperava obter mais vantagens, enquanto os bizantinos, que precisavam muito de paz em Itália na altura, podem ter calculado que, se a situação melhorasse, poderiam retomar a sua anterior política de reconquista. No entanto, o facto de o notário do rei ter visitado a capital imperial e ter regressado com embaixadores imperiais e presentes apropriados, significa que, a partir de agora, haveria um reino lombardo reconhecido em solo italiano e que quaisquer potenciais conquistas posteriores teriam como objetivo melhorar a posição de Bizâncio, e não a expulsão dos Lombardos, situação que se assemelhava a conflitos passados com reinos como o Ostrogótico, o Visigótico e o Vândalo, que tinham sido reconhecidos oficialmente como entidades, independentemente de uma guerra punitiva contra eles ter como objetivo reduzir a sua dimensão e impor vantagens à população romana, ou expulsá-los. No entanto, a conclusão desta primeira fase de coexistência de bizantinos e lombardos em Itália, foi diferenciada pelo surgimento de dois factores importantes, aos quais nos referiremos agora, o aumento da importância do papado e a dissensão sobre o cisma dos Três Capítulos.

PARTE 3

UM MUNDO EM MUDANÇA; NOVOS FACTORES, NOVAS ABORDAGENS

Capítulo 1

O *REGISTRUM* DO PAPA GREGÓRIO O GRANDE E O SEU VALOR

O *Registrum* do Papa Gregório Magno, a sua coleção de cartas, é do maior valor para toda uma série de acontecimentos históricos, reflectindo sobretudo o seu empreendimento missionário na Grã-Bretanha e, doravante, no noroeste da Europa, mas também as relações entre o papa e o imperador, as condições no seio da Igreja, as relações tensas entre Roma e Ravena e, claro, o problema mais premente para a Itália, a progressão do conflito com os Lombardos. O mais significativo do *Registo* é que, ao contrário da maioria dos epistológrafos, Gregório não pretendia que a sua coleção de catorze livros fosse publicada, pelo que nunca teve a intenção de reeditar ou rever as suas cartas. Isto dá-lhe um ar de originalidade e, apesar de alguns momentos de retórica, a imagem apresentada reflecte claramente a realidade na maior parte dos casos. Naturalmente, constitui uma das principais fontes para apreciar as condições durante a década de 590 e início de 600, que coincidem em grande parte com o reinado de Agilulf e Theudelinda, cuja adesão ao catolicismo ajudou muito a delicada missão do papa de manter um equilíbrio precário entre romanos, lombardos, os seus governantes e os seus estados. Nas próximas páginas, tentar-se-á reunir os vários fragmentos que conduzem a uma imagem sempre em movimento da evolução das circunstâncias em várias partes de Itália e do papel do papa na obtenção de uma coexistência pacífica para bem da população local.

Como era de esperar, as referências à grave situação de Roma face à ameaça lombarda aparecem quase em simultâneo com o início do pontificado de Gregório e das suas cartas, em setembro de 590. Prevê-se também que a primeira coisa a procurar sejam as provisões. Assim, pede a Iustinus, *pretor* da Sicília, que envie mantimentos para a Roma sofredora, temendo que um eventual motim das tropas cause um perigo ainda maior do que o dos lombardos: *Veniente autem uiro magnifico domno Maurentio chartulario, ei quaeso in Romanae urbis necessitate concurrite ; quia hostilibus gladiis foris sine cessatione confodimur, sed seditione militum interno periculo grauius urguemur.*[131] Por esta razão, envia Maurentius, um *chartularius*, presumivelmente da corte papal, para explicar a difícil situação. Gregório não fala diretamente de um cerco a Roma, mas sim de um bloqueio no fornecimento de provisões provenientes das zonas rurais circundantes. Assim, o abastecimento a partir do sul, por via marítima, era a solução mais segura e inevitável para o problema.

Como se depreende da referência seguinte, que alude mas não menciona claramente os Lombardos, o papa enfrentou o problema de conceder os direitos de bispados destituídos a uma cidade vizinha mais forte. Neste caso, Gregório transfere os poderes e os privilégios do bispado de Minturno para o bispado vizinho de Forme e para o seu bispo Bacauda.[132] Uma vez que ambas as cidades pertencem ao sul do Lácio, perto da Via Appia e quase a meio caminho entre Roma e Nápoles, a necessidade do abandono da igreja de Minturno e da sua fusão pode ser atribuída a outros factores, como a diminuição da população, a destruição durante as guerras góticas ou simplesmente a estagnação económica. No entanto, os ataques lombardos podem ter sido a causa principal. Uma vez que ambas as localidades estão situadas mais perto de Benevento do que de Spoleto, poder-se-ia supor que os ataques na zona provinham da primeira. Há, no entanto, uma causa indireta para apoiar o perigo lombardo que resultou na abolição da igreja de Minturno. Enquanto Minturno se situa mais para o interior, Forme situa-se na costa do Tirreno, a meio caminho entre Roma e Nápoles. O acesso ao mar permite uma melhor defesa e uma comunicação mais segura com Roma. É exatamente o contrário do que acontece na Península Balcânica, onde as incursões germânicas, mas sobretudo avares e eslavos, às antigas povoações costeiras obrigaram a população de muitas cidades a refugiar-se mais para o interior, em povoações fortificadas. Uma vez que Benevento controlava as passagens meridionais dos Apeninos, a segurança da população romana estava garantida na direção da costa. Daí a vantagem de Forme.

Segue-se uma carta muito importante, de janeiro de 591[133] , que faz referência específica ao facto de

[131] Norberg, I 2, 2.
[132] Norberg, I 8, 10.
[133] Norberg, I 17, 16-17.

o rei Authari (chamado Autharit), ter sido extinto por Deus, em consequência da sua proibição de os lombardos baptizarem os seus filhos como católicos, estipulando que só poderiam ser baptizados como arianos. O papa mostra pela primeira vez a sua habilidade política ao instruir os seus colegas bispos para explicarem aos lombardos das zonas afectadas por calamidades que estas eram o resultado da ira de Deus por terem aderido ao arianismo. Para o leitor moderno, há várias mensagens a retirar. Gregório é um dos primeiros pregadores a empregar a noção de castigo divino sobre os outros, em oposição à noção agostiniana de se referir aos pecados cometidos pelo seu próprio grupo, incluindo ele próprio, e não a grupos externos. Se a admoestação de Gregório foi praticada com seriedade, os seus efeitos não devem ser subestimados numa sociedade que estava cansada do castigo divino. Em segundo lugar, a questão que se coloca é a de saber se o papa pretendia minar o regime de Agilulf, ou se esta medida foi tomada com base no pressuposto de que o novo rei lombardo não reagiria contra tal medida. Gregório terá provavelmente contado com o facto de a influente rainha Theudelinda ser ela própria católica, pelo que a pressão contra os actuais e futuros católicos lombardos seria provavelmente aliviada. Afinal de contas, a admoestação de Gregório não se baseia no seu estatuto de
Arianos, mas os efeitos negativos da proibição do batismo e da conversão ao catolicismo.

A 27 de setembro de 591, a situação em torno de Roma deve ter-se tornado crítica, pois Gregório escreveu a Velox, um *Magister Militum* talvez na Itália central, para que organizasse, juntamente com dois outros oficiais, Mauricius e Vitalian, um ataque pela retaguarda contra Ariulf de Spoleto, que era o principal perigo para Roma.[134] A importância desta carta reside no facto de Gregório desempenhar um papel ativo no aconselhamento sobre assuntos militares, escapando assim ao seu papel de pastor clerical e tornando-se um verdadeiro participante nos assuntos políticos romanos. Reflecte também os seus sentimentos claramente anti-lombardos, que caracterizam a fase inicial do seu pontificado. O seu apelo é apoiado por uma segunda carta[135] , datada de junho de 592, desta vez dirigida aos dois generais Mauritio e Vitaliano, na qual exprime o receio de que, se fossem em auxílio de Roma, as tropas de Ariulf, que se encontravam em Narni, pudessem atacá-los e capturá-los. Por isso, aconselha-os a atacar Ariulf pela retaguarda, em vez de irem em auxílio da cidade eterna.

Em fevereiro de 592, Gregório repetiu a prática de mudar um bispado eclesiástico, tal como no caso de Minturno. Desta vez, tratava-se do bispado de Velletri, no centro de Itália, tendo o Papa ordenado ao seu bispo João que se mudasse para um lugar mais fortificado, chamado Arenates.[136] Velletri situa-se no centro de Itália, ou seja, na zona de guerra. O papa é muito mais explícito ao apontar o perigo de incursões bárbaras e justifica também a sua decisão pelo carácter mais fortificado do novo local, no qual dá a entender que a população devia ser transferida por razões de segurança. Se tomarmos como análogo o tom das duas cartas semelhantes, podemos perceber um sentido de urgência e precisão no segundo caso, o que pode implicar um perigo maior e uma ação mais apressada a ser tomada, e o papa precisa de deixar isso claro.

Em julho de 592, Gregório escreveu uma carta muito importante ao arcebispo João de Ravena, que tratava de muitos assuntos, mas os assuntos lombardos ocupavam um lugar de destaque.[137] Refere-se à depressão que sofreu devido à matança em massa de romanos pelo duque Ariulf e às suas próprias tentativas de chegar a um acordo, que estavam em curso mas ainda não tinham sido concretizadas. Esta é a primeira acusação direta contra o *exarca* Romanus, que se recusou obstinadamente a sancionar e a participar neste acordo. O papa relata que Ariulf recorreu à ajuda de tropas pertencentes a Auctarit (creio que não ao antigo rei) e a Nordulf, e que não estava disposto a proferir uma palavra de paz, a não ser que lhes fosse igualmente concedido um pagamento. Romano proibiu tais negociações bilaterais e o Papa aconselhou o arcebispo de Ravena a tratá-lo com bondade e a não aumentar a sua animosidade, pois a situação era muito delicada em Roma. Gregório faz uma interessante alusão ao facto de o *exarca* ser um *miles Romanus*, o que implica que era natural de Roma ou que aí iniciou a sua carreira. Assim, ele deveria estar em condições de apreciar o facto

[134] Norberg, II 5, 93. Não há razão, na minha opinião, ao contrário de Brown n. CXXIV, para considerar os três como sendo de origem germânica.
[135] Norberg, II 28, 114-115.
[136] Norberg, II 13, 132-3.
[137] Norberg, II 38, 122-3, 1-15 e 24-34.

de que o corpo de Teodósiacos, não remunerado durante algum tempo, não estava disposto a guardar as muralhas da cidade por muito tempo e que a sua queda para os Lombardos estava iminente. Gregório intensifica a sua iniciativa política e a sua linguagem, expondo uma censura direta ao *exarca* e uma situação grave e ameaçadora na própria Roma. No entanto, mesmo neste momento difícil, ainda não está disposto a desafiar o *exarca*, embora devam ter sido efectuadas algumas negociações provisórias com o duque de Espoleto. Não tardaria muito para que o Papa se arriscasse e chegasse a um acordo, como representante de Roma e não da República. No entanto, torna-se claro que as relações entre o Papa e o arcebispo se tornaram muito tensas, uma vez que este último é acusado tanto de mera hipocrisia, como de má conduta, uma vez que é acusado de euforia, ou seja, do uso indevido do *pálio* eclesiástico.[138] Nesta carta, escrita em novembro de 594, o desagrado do papa é expresso pela afirmação de que foi um favor de Deus o estabelecimento dos Lombardos entre Roma e Ravena, impedindo-o assim de contestar diretamente as acções de João. Este é mais um indício das dificuldades de comunicação na Itália central e só contribui para o forte antagonismo entre Roma e a capital do *exarcado*, que se prolongaria por todo o século VII.

Questões eclesiásticas sérias e indiretamente políticas dizem respeito à próxima carta relevante[139] que ordena a João, um subdiácono da igreja de Milão, que prepare a transferência da sua sede metropolitana para Génova, para onde muitos dos seus cidadãos já tinham fugido, devido à opressão lombarda. Deveria também ter o cuidado de proceder à devida ordenação do diácono Constâncio como seu arcebispo no exílio, desde que fosse unanimemente aceite. É evidente que Gregório está preocupado com a melhor forma de organizar a administração da igreja de Milão no exílio, na altura em que o novo rei fez dela a sua principal sede de governo. Mas, por detrás deste objetivo eclesiástico aparentemente puro, e da necessidade de uma observação mais atenta das necessidades do seu rebanho, o papa pode ter desejado assegurar uma maior liberdade de ação, distanciando-a da sede lombarda. Isto só pode significar que a paz entre o papa e o rei ainda não tinha sido acordada e que abril de 593 pode ser considerado um *terminus post quem* mesmo para o acordo local sobre Roma entre o papa e os Lombardos. O facto de o papa estar muito preocupado com esta eleição pode ser comprovado pela carta que se segue, dirigida ao *exarca* Romano, a quem pede que veja com bons olhos o futuro arcebispo. Como os dois homens não se davam bem, o elogio do papa torna-se ainda mais significativo ao mostrar que ainda existiam canais de comunicação e que Gregório estava disposto a manter a sua lealdade para com o império e os seus adeptos em Itália.

Uma questão diferente, que mostra a variedade de problemas com que Gregório teve de lidar, é mostrada na carta III 40[140] , de junho de 593, dirigida a um notário, Pantaleão, para resolver um caso de má conduta sexual. Um dos afectados, possivelmente o diácono Evangelus, cuja filha teria sido seduzida por um tal Felix, terá recebido dos Lombardos, presumivelmente de Benevento, um empréstimo eclesiástico para a sua redenção. Uma vez que Evangelus é diácono, é mais provável que tenha utilizado fundos da igreja para a sua redenção, e o envolvimento do papa ao perder a sua dívida, se o seu rendimento não fosse suficiente para a pagar. Se as duas histórias estão de alguma forma relacionadas, o pagamento de um dote pode ser a razão que obrigou o papa a intervir. Mas a carta é interessante porque lança luz sobre aspectos menos visíveis da presença lombarda e a preocupação com um incidente tão a sul como Siponto significa que, para além dos principais campos de batalha, as pequenas escaramuças continuavam a ser igualmente destrutivas para a população local. As coisas tornam-se ainda mais confusas quando o atual bispo de Siponto se chama Félix, a quem o papa envia uma severa repreensão[141] em dezembro de 593 por ter permitido a um notário da sua sede, Tribunus, resgatar a soma de 12 solidi que pagou do seu bolso para comprar a sua liberdade. O Papa pede ao bispo que restitua imediatamente a soma, sugerindo que é dever da Igreja providenciar a redenção dos seus membros da escravatura. Doze solidi deve ter sido um preço muito modesto para a redenção do cativeiro, e é de suspeitar que este facto tenha contribuído para aumentar a ira de Gregório contra o bispo sipontino.

---

[138] Norberg, V 15, 281.
[139] Norberg, III 31, 177.
[140] Norberg, III 40, 185-6.
[141] Norberg, IV 17, 141-2.

Em setembro de 593, o papa escreveu uma carta verdadeiramente crucial[142] a Constâncio, agora arcebispo de Milão, a propósito da rutura da comunhão com ele por parte de três bispos por causa da disputa dos Três Capítulos. Gregório tenta claramente consolá-lo sobre o assunto, esperando que se consiga restabelecer a comunhão. Mais importante, porém, é o envolvimento, pela primeira vez, de Teudelinda, que também foi instigada a seguir a mesma ação. Por isso, Gregório alarga o seu apelo, escrevendo uma carta separada a Teudelinda[143] explicando a ignorância de todos os que consideravam a condenação dos Três Capítulos, como violação das decisões do concílio de Calcedónia, pedindo-lhe que aceite a comunhão com o novo arcebispo de Milão e se mantenha fiel à fé católica. Através do serviço de dois agentes, o notário Hipólito e o abade João, está otimista de que ela retomará a comunhão com o arcebispo milanês. Além disso, Constâncio é instruído a mostrar-lhe as duas cartas o mais rapidamente possível, facto reiterado numa segunda carta relativa a vários assuntos, datada de 594 de julho de[144] e numa terceira especificamente escrita e dirigida a ela, de 6 de julho de 594, na qual lhe pede vigorosamente que ignore os separatistas e regresse à comunhão tanto com a igreja petrina como especialmente com a de Milão.[145] Mas o mais importante é que ele possa informar-se sobre os progressos registados nas negociações entre o *exarca* e o rei Agilulf. Como o papa suspeitava que não tinham sido dados passos em frente, deu-lhe instruções para informar secretamente o rei de que estava pronto a intervir a favor do rei, caso este quisesse chegar a um acordo com o império. O papa dá também instruções ao arcebispo para lhe entregar secretamente relatórios sobre os actos do rei e dos reis francos.

Há vários níveis de interesse a considerar nesta carta. Em primeiro lugar, temos provas claras de que estavam a decorrer contactos e negociações secretas paralelas e que, por isso, elas proporcionavam ao papa outros canais de comunicação para além dos relatórios oficiais. O aparecimento de tais instruções apenas confirma a ideia de que o *registo* não foi concebido para ser reeditado e publicado. Relativamente à rainha, é de perguntar se a sua rutura de comunhão com Constâncio foi, como diz o papa, uma questão puramente religiosa provocada por um engano, ou se lhe terá sido imposta pelo rei por razões políticas, uma vez que isso aumentaria a pressão sobre o lado imperial, mas também sobre os católicos do Estado Lombardo. Além disso, será que Constâncio poderia trabalhar tão de perto com o casal real, se estivesse, como já foi referido, em Génova e não em Milão? Parece demasiado coincidente que as relações entre a rainha e o Papa tenham melhorado drasticamente depois de este ter concluído o seu próprio tratado com os Lombardos. Ao mesmo tempo, esta é a primeira oferta explícita do papa para atuar como mediador, assumindo assim o papel de um agente político imperial, desafiando abertamente *a* prerrogativa *do Exarca.* Por fim, consciente da importância de uma informação lateral segura, pede todos os pormenores sobre os feitos de Agilulf e dos reis francos, cuja coexistência instável representava simultaneamente um receio e uma oportunidade para o papa e para o império.

Uma carta bastante irrelevante[146] , de setembro de 593, que exige a punição de uma freira siciliana, Petronella, seduzida por um notário da igreja, por se ter apoderado de bens atribuídos ao seu mosteiro, relata que um ou ambos os culpados eram refugiados de Itália para a Sicília e também a continuação aí, da melhor forma possível, da sua vida. Este é um dos raros casos em que se alude incidentalmente à vida das pessoas comuns, facto que é ofuscado pelos constantes assuntos políticos, militares e eclesiásticos. O Papa, através dos seus agentes, parece ter um controlo rudimentar dos acontecimentos nas províncias distantes e, apesar das suas outras preocupações, está pronto a exercer uma orientação moral e a assegurar a proteção dos bens eclesiásticos. Esta questão do destino dos bens eclesiásticos e, especialmente, dos artigos essenciais aos santos mistérios, é tratada mais detalhadamente numa segunda carta de outubro de 593.[147]

Dirigida de novo ao *retor patrimonii* da Sicília Cipriano, na qual o Papa chama a atenção deste último para o facto de que muitos destes tesouros, trazidos pelos clérigos em fuga para a Sicília, tinham começado a

[142] Norberg, IV 2, 218-9.
[143] Norberg, IV 4, 120-1.
[144] Norberg, IV 37, 257.
[145] Norberg, V 52, 347-8.
[146] Norberg, IV 6, 222-3.
[147] Norberg, IV 15, 240.

desaparecer, e ordena a Cipriano que faça todos os esforços para os localizar, anotar e restituir aos representantes de cada uma das igrejas relacionadas.

Um forte contraste com a já expressa hostilidade do papa para com os lombardos é expresso numa carta dirigida a Sabinian, seu *apocrisiarius* em Constantinopla.[148] Escrevendo sobre assuntos eclesiásticos, e sugerindo que é proibido procurar a morte de alguém, alega que, se quisesse, era capaz de provocar uma tal confusão nos Lombardos que estes não teriam nem reis nem duques, mas existiriam em completa anarquia. Trata-se, provavelmente, de uma afirmação exagerada, com o objetivo de exibir simplesmente a força e o poder do primaz da Igreja. É difícil perceber como é que o Papa não utilizou este poder para garantir um acordo antes que o derramamento de sangue e a destruição atingissem grandes proporções. Também é difícil perceber por que razão, se tinha esse poder, continuava a insistir para que o imperador e os seus funcionários chegassem a um acordo, o que, afinal, seria mais desvantajoso para o império do que qualquer ação conclusiva do Papa. Assim sendo, deve partir-se do princípio de que Gregório está simplesmente a exagerar o seu poder para poder fazer-se passar por um moralista.

As negociações entre o papa e o rei avançaram consideravelmente, de tal forma que o papa sentiu a necessidade de escrever ao provável conselheiro jurídico *do exarca*, o *escolástico* Severo, em maio de 594, pedindo-lhe que exercesse todo o seu poder para persuadir Romanus a aceitar uma proposta de paz geral feita por Agilulf e o seu desejo de submeter a arbitragem as queixas de infracções cometidas pelos romanos que tiveram lugar nas suas partes, presumivelmente cidades da Itália central de que estava na posse.[149] O Papa sublinha a vontade de Agilulf não só de aceitar a arbitragem e de estabilizar uma paz geral, mas também de restituir os danos, caso se prove que os seus homens foram responsáveis por actos ilícitos. Indiretamente, o Papa ameaça que estará pronto a concluir um tratado separado com ele, presumivelmente abrangendo áreas próximas, mas não incluindo Roma, que estava sob um acordo de paz separado desde 593. É evidente que, em maio de 594, o papa tinha assegurado para si o papel de negociador de confiança, capaz, mas não disposto, a usar o seu poder em nome do império. No entanto, torna-se claro que ele poderia estar preparado para tomar esta iniciativa, se o *exarca* continuasse obstinado. O papa podia prever este facto e, por isso, prefere escrever a um dos seus influentes conselheiros, em vez de o fazer ao próprio Romano. Vista da perspetiva lombarda, esta carta é uma indicação indireta de que o novo rei pretendia um tratado de paz frutuoso com os bizantinos, mas a partir de uma posição de força e não a qualquer custo. Para além de ter de lidar com problemas internos, esta medida permitir-lhe-ia ser reconhecido como pacificador por todos os seus súbditos, tanto arianos como católicos, ao mesmo tempo que significaria um reconhecimento *de facto* da existência do seu Estado por parte do Império.

A carta V 36 de junho de 594[150] , dirigida pelo papa ao imperador Maurício, é uma das cartas mais difíceis, não só pela substância revestida de retórica, mas também porque o papa parece dirigir-se ao imperador sobre vários aspectos da crise lombarda, que não conhecemos bem. Gregório parece ter acreditado que Ariulf de Spoleto, o mais perigoso magnata lombardo perto de Roma, estava pronto a trair o seu rei e a colocar-se do lado dos bizantinos, o que não aconteceu. Assumindo a culpa do engano, censura o imperador por ter seguido o conselho de dois oficiais, Nordulf (presumivelmente o general lombardo que lutava com os bizantinos) e um certo Leão. Não sabemos que conselhos eram esses, mas provavelmente estão relacionados com a continuação da guerra, por oposição ao apelo de Gregório para que se concluísse a paz, ou com o facto de duas cidades toscanas, Narni e Perugia, terem recebido forças retiradas de Roma. Isto na mesma altura em que Agilulf aparece e provoca a captura de cidadãos romanos, que são arrastados para serem vendidos em França. Dado que o rei lombardo já estava em negociações de paz com o papa, parece haver um exagero da realidade na carta do papa para o ponto cronológico específico, e levanta-se a suspeita de que o papa retrata uma situação que existia alguns meses antes.[151] Explica em seguida que concluiu uma paz separada, o que provocou a ira imperial, uma vez que os Lombardos já estavam na posse da maior parte da Toscânia e que Roma, cujas tropas

[148] Norberg, V 6, 271, especialmente l. 23-27.
[149] Norberg, V 34, 301-2.
[150] Norberg, V 36, 304-6.
[151] Ibid, 305, l. 20-42.

tinham sido gravemente reduzidas, sofria com a falta de provisões e com o previsível cativeiro dos seus cidadãos. O Papa continua a isentar de culpa dois funcionários importantes, o *pretoriano* Gregório e o *magister militum* Castus, que fizeram tudo o que podiam para resolver uma situação difícil e que se tornaram bodes expiatórios das suas próprias acções, sofrendo com ele todas as tribulações.[152] É evidente que as relações entre o papa e o imperador se encontravam numa fase muito difícil, mas é interessante que o papa não revele a disponibilidade do rei Agilulf para a conclusão de uma paz mais estável, tal como tinha sido comunicada apenas um mês antes a Severo. É de perguntar se não haverá um elemento de duplicidade na forma como o papa lida com a situação, uma vez que ele sabe que Maurício, provavelmente a conselho *do exarca*, não estava disposto a considerar a conclusão de uma paz permanente, enquanto o papa continuava a trabalhar para a sua efectiva conclusão. Seria difícil justificar qualquer um dos lados, mas a diplomacia de Gregório revela-se aqui. O seu objetivo final poderia ser o de apresentar um plano de paz totalmente elaborado, o que poderia parecer mais atraente tanto para o *exarca* como para o imperador.

Os lombardos constituem uma válvula de escape para os proprietários da Córsega, que são, segundo o Papa, fortemente oprimidos pela cobrança de impostos.[153] Numa carta à imperatriz Constantina, datada de junho de 594, o papa pede-lhe, entre outros assuntos relativos às outras duas ilhas, a Sardenha e a Sicília, que solicite ao imperador uma redução dos impostos para os proprietários da Córsega, que têm de vender os seus filhos e preferem fugir para os Lombardos. A impressão que dá é que o domínio lombardo é mais suportável, o que contrasta fortemente com o que o Papa tem dito até agora. Uma explicação possível é o facto de as ilhas serem mais tributadas, devido à falta de rendimentos provenientes da Itália continental, mas os proprietários fugirem da ilha não devido a condições verdadeiramente opressivas, mas para evitarem os impostos estatais que lhes eram impostos e que estavam a tornar-se mais pesados. Vale a pena perguntar porque é que o Papa se dirigiu à imperatriz sobre estas questões e não ao próprio imperador. A resposta é que, ou ele sabia que o seu próprio apelo não seria compensador, ou que o tom desta carta poderia suscitar sentimentos femininos de piedade, através dos quais a imperatriz poderia ter sucesso onde ele não conseguiu. Em todo o caso, parece-me pouco provável que as condições na Córsega fossem tão más, mas sim que os proprietários tivessem a possibilidade de emigrar em condições mais favoráveis. A questão de saber se estas condições foram favorecidas por uma mudança de política real em relação aos católicos permanece em aberto. É certo que a evasão fiscal era um fator com que os Lombardos podiam contar para reduzir o poderio bizantino em Itália.

A tributação pesada e possivelmente severa pode ser um dos problemas que se insinua na carta V 40[154] de 1 de junho de 594, dirigida a Sebastão, bispo de Rhisinum na Dalmácia, cuja mediação o papa procura junto do amigo do bispo, o *exarca* Romano, explicando que a extorsão e a violência da administração bizantina são tão pesadas e injustas, que as espadas dos Lombardos parecem mais fáceis de suportar. Isto confirma, uma vez mais, o mau estado das relações entre o Papa e *o exarca*, devido à atuação arrogante deste último, quer pela imposição de uma administração muito severa, quer pela sua insistência em prolongar a guerra. Torna-se evidente que os canais de comunicação de Gregório diminuem e ele sente a necessidade de pedir a intervenção de um bispo distante. A sua frustração pode, evidentemente, ser o resultado da obstinação do exarca em tentar obter uma paz duradoura com Agilulf. De igual modo, V 42[155] , dirigido ao patriarca de Antioquia Anastácio, aborda precisamente a mesma situação e sublinha as atrocidades e a opressão administrativa dos Lombardos. Se algum significado deve ser atribuído a esta carta, ele tem a ver com o facto de Gregório descrever as suas próprias tribulações a uma pessoa distante, o *patriarca* de Antioquia, de quem não espera qualquer ajuda. Este facto pode constituir prova de sentimentos sinceros da sua parte, em oposição a qualquer sobrestimação dos acontecimentos, e mostra que o Papa estava disposto a descrever os seus sentimentos aos seus colegas distantes, mas, ao contrário da carta anterior, sem antecipar qualquer ajuda da parte deles.

A preocupação com a libertação dos cativos parece ter-se tornado uma preocupação privada de poderosos benfeitores até ao círculo imperial. É ao médico imperial Teodoro que Gregório dirige uma carta[156]

[152] Ibid, 306, l. 71-95.
[153] Norberg, V 38, 313-5.
[154] Norberg, V 40, 318-9, 115-25.
[155] Norberg, V 42, 324-5, 135-40.
[156] Norberg, V 46, 338-9.

na qual lhe agradece o envio de dinheiro para a libertação dos cativos. Pouco há a acrescentar quanto às condições objectivas, mas é interessante que o papa assinale a desagradável tarefa que lhe cabe de dividir esta soma em rações, pelas quais é distribuída em vez de ser livremente gasta no fim a que se destina. Isto é uma indicação indireta de que o número de cativos era muito maior do que a quantidade de dinheiro, e que as doações privadas constituíam uma fonte importante. Mas o próprio papa tenta claramente enviar dinheiro para o mesmo fim, como mostra a carta VI 32[157] , quando dá instruções a Antémio, *reitor* da Campânia, para fazer uso do dinheiro que lhe fornece através do envio de um certo Estéfano, *vir magnificus,* para libertar cativos. O Papa é muito preciso nas suas instruções, sugerindo que o seu agente investigue e tente negociar a liberdade não só de homens livres que não possam pagar pela sua libertação, mas também de escravos que os seus proprietários se recusem a pagar. Mas as instruções incluem também o registo dos cativos libertados e da propriedade de Maria, presumivelmente uma pessoa secular e não uma propriedade pertencente a uma igreja da Virgem Santa. Da mesma forma, divide a soma de trinta solidi, que recebe da irmã do imperador, Theoctiste, encarregada da educação dos filhos do imperador.[158] Esta carta, datada de junho de 596, relata que ela enviou, através do diácono Sabinian, a referida soma e que o Papa decidiu dividi-la e utilizar metade dela para a libertação de homens e mulheres nobres de Croton (Cotrone), que tinha sido capturada pelos Lombardos. Explica como foram divididas as famílias e os casais, mas é interessante o facto de apenas fazer referência à compra dos seus nobres. Este facto pode ser uma indicação de que os Lombardos tiveram o cuidado especial de levar como prisioneiros pessoas da classe alta, para que pudessem ser resgatadas a um preço mais elevado, enquanto deixavam as classes mais baixas relativamente intactas. As capacidades organizativas de Gregório tornam-se evidentes na sua tentativa sistemática de não deixar escapar um único *solidus*, ao mesmo tempo que tenta manter o controlo de todas essas transacções.

O assunto da paz com Agilulf é abordado mais uma vez na seguinte carta[159] , de abril de 596, na qual ele admoesta um monge de Ravena, obviamente um agente do papa, a prosseguir rapidamente com as negociações para a conclusão da paz. Esta admoestação seria feita após um relatório que o papa recebeu de um certo Castorius, possivelmente um *magister militum* de Roma. Esta identificação pode ser válida, porque Secundus parece ser um monge de elevado estatuto, uma vez que é capaz de conduzir as negociações com o rei lombardo, e também porque o papa insinua obstáculos colocados por algumas pessoas não identificadas, possivelmente os homens *do exarca*. Este apelo é reiterado de forma ainda mais severa na carta seguinte, que foi escrita em conjunto com a atual[160] , na qual o papa ameaça com a excomunhão todos os homens que espalharam secretamente rumores contra a paz, a não ser que venham a público e se arrependam. Romanus iria morrer em breve, se é que já não estava morto, e as negociações tomariam outro rumo, mas quando esta carta foi escrita, o papa não tinha certamente conhecimento da sua morte. O alto perfil de Secundus pode também ser atestado pelo apelo do papa para que desperte Marinianus, o novo arcebispo de Ravena, a quem acusa de inatividade. Não se sabe se esta inatividade foi causada por um sentimento real de menor urgência ou por uma forma de mostrar a sua independência em relação às ordens papais. Mas é significativo o facto de o papa mencionar o grave perigo em que se encontravam vários locais na região de Roma, bem como certas ilhas, o que torna ainda mais imperativo um acordo de paz. Uma vez que se sabe que o papa tinha feito um acordo com Agilulf sobre Roma, é de supor que o acordo abrangia literalmente apenas a cidade e, talvez, os seus arredores imediatos, deixando de fora o resto da região, enquanto a referência às ilhas deve referir-se a ilhas ao largo da costa toscana, como Giglio ou Elba, mas não à Sardenha, da qual se deveria esperar uma declaração explícita, e que seria demasiado importante para ser deixada sem defesa pela administração central em Ravenna.

De menor importância é uma referência passageira à situação em Itália, incluída numa carta de julho de 596 enviada ao *patriarca* de Alexandria, Eulogius[161] , a quem se limita a explicar a dor que lhe inflige o

---

[157] Norberg, VI 32, 403-4.
[158] Norberg, VI 23 475, 173-87.
[159] Norberg, VI 33 407, 11-10.
[160] Norberg, VI 34, 408.
[161] Norberg, VI 61, 434.

sofrimento quotidiano dos cidadãos em Itália devido à presença lombarda, sofrimentos que se recusa a narrar com mais pormenor, para que não se pense que considera a sua própria dor maior do que a do seu correspondente. Se há algum significado a atribuir a esta carta, ela apenas mostra que o Papa está disposto a informar os seus interlocutores, tanto quanto Alexandria, sobre a situação em Itália, que ainda não foi aliviada.

Bastante invulgar é o conteúdo da próxima carta relevante[162] , datada de novembro de 596, na qual Gregório dá o seu consentimento ao bispo Fortunato de Fanno, na Itália Central, para que se entregue à venda de vasos de igreja, com o objetivo de utilizar o dinheiro adquirido para a redenção de cativos. O papa, embora consinta plenamente com este pedido, pede que a transação seja feita na presença do seu *defensor* João, que deverá assim verificar se o dinheiro não é desperdiçado ou desaparece. Mais uma vez, a particular habilidade do papa em organizar os assuntos financeiros da forma mais eficiente possível reflecte-se na forma como pode manter o controlo das acções realizadas em partes distantes, bem como na tentativa de minimizar todos os perigos de comunicações difíceis e precárias. Mas também mostra a humanidade do papa ao sancionar uma medida que vários altos clérigos poderiam considerar sacrílega, para cuja realização, a permissão não seria de modo algum considerada como concedida. Uma outra proibição é a de pedir o reembolso do dinheiro emprestado pela Igreja para a redenção de Demétrio, bispo de Ferme, e do seu pai.[163] É dever da igreja ajudar na redenção dos cativos e ele é explícito ao declarar que este dinheiro nunca deve ser pedido de volta nem ao bispo libertado, nem aos seus descendentes.

O resgate de cativos continua a ser uma questão perpétua e o papa elogia e reconhece a receção de dez libras de ouro de Rusticiana, uma senhora patrícia romana que fugiu para Constantinopla. Escrevendo em maio de 598[164] , o Papa agradece à sua amiga o envio da soma acima referida para ajudar no resgate de cativos e, mais significativamente, encoraja-a a regressar a Roma. Confirma que Deus protegeu a cidade eterna e que as condições eram suficientemente calmas para que ela pudesse regressar. É de perguntar se as condições de paz a que o papa se refere são as que resultaram do seu próprio acordo ou se foi acordada uma paz geral. Uma vez que a necessidade de resgatar cativos continua presente, pode ser uma indicação de que era ainda o acordo entre o papa e o rei que mantinha Roma segura. No entanto, esta é uma das cartas mais ternas e o que o papa está a dizer pode ter sido ditado pelo seu desejo pessoal de voltar a ver o seu amigo. Não devemos esquecer que, sempre que uma pessoa amada partia para um lugar distante, eram grandes as probabilidades de não regressar ou, pelo menos, de não voltar a ser vista por amigos e familiares. É importante, portanto, ter em mente a psicologia daqueles que tentam comunicar com pessoas que significam algo mais do que uma relação comercial para eles.

As coisas tinham mudado em outubro de 598, quando Gregório se dirige a Ianuarius, arcebispo de Cagliari, na Sardenha[165] , exortando-o a estar atento às incursões lombardas, que já tinham ocorrido e das quais o papa não tinha conhecimento e que, apesar da paz geral anunciada entre Agilulf e o império, poderiam repetir-se. Esta é a primeira referência a uma paz geral, e é bastante bizarro que o tom do papa implique um relatório bastante informal sobre a mesma. Se for esse o caso, é tentador supor que a administração imperial se tenha esquecido de informar oficialmente o papa, o que nos permite supor que as relações com o papa continuavam a ser tensas. Em todo o caso, a carta VIII 22, juntamente com a presente, permite-nos datar a ratificação final da paz entre maio e outubro de 598. Não sabemos nada sobre o papel de Calinico, mas o facto de ter residido em Itália não mais de dois anos, significa que ele era a favor, tal como o papa, de uma paz geral entre lombardos e bizantinos.

No mesmo mês (outubro de 598) foi também escrita uma carta de grande interesse dirigida a um Teodoro curador de Ravena,[166] , na qual o papa exprime a sua satisfação pelo facto de este último continuar a esforçar-se por concluir a paz com os Lombardos. Trata-se de uma questão complexa, pois parece que o consentimento real não era suficiente para que todos os duques concordassem com um tratado. O Papa sublinha

[162] Norberg, VII 13, 463.
[163] Norberg, IX 53, 612.
[164] Norberg, VIII 22, 541.
[165] Norberg, IX 11, 572, l. 48-50.
[166] Norberg, IX 43, 602.

a necessidade de alguém obrigar Arichis, duque de Benevento, a aceitar as condições de paz. Mas o principal problema parece ser Ariulf de Espoleto, que já enganou uma vez o papa quanto às suas intenções e cujos votos condicionais de aceitação da paz devem ser tratados com grande desconfiança, porque o seu conselheiro-mor Varnafrida, a quem confia todas as suas acções, se recusou a prestar qualquer juramento. Apesar de ter sido enganado uma vez, o Papa está disposto a mediar entre Ariulf e o *exarca*, caso este esteja disposto a aderir à paz. No entanto, há também um sério desafio para o próprio Papa. Agilulf e, a um nível diferente, Arichis teriam desejado que o papa subscrevesse também os termos do tratado. Relativamente ao rei, Gregório deseja abster-se, pois consta que o rei terá proferido palavras maliciosas sobre São Pedro, presumivelmente dirigidas ao papa, o que o rei negou. No entanto, Gregório prefere que as negociações sejam conduzidas entre o rei e *o exarca*, dando-lhe a possibilidade de voltar a assumir o papel de negociador, caso surja um termo ou uma proposta secreta. Por outro lado, se Arichis deseja a sua própria assinatura, o papa exprime a sua vontade de a recusar, deixando que seja um bispo, um arcebispo e, certamente, um diácono a fazê-lo.

A carta não é de modo algum totalmente clara. No entanto, mostra claramente os múltiplos níveis de negociações que ocorrem simultaneamente entre todas as partes em conflito. O rei não tem o controlo total da política externa ducal e os bizantinos têm de manipular os seus centros de poder para, em simultâneo e quase de forma independente, conduzirem negociações a vários níveis. O facto de o papa ter conduzido essas negociações anteriormente para salvar Roma, mas ter deixado a tarefa a Calinico, significa que não está disposto a entrar em acordo com o mais alto funcionário do império em Itália, que reconhece como o fator político supremo. Mas também quer manter-se afastado das principais negociações, permitindo-lhe entrar no jogo mais tarde, caso seja necessário. Mas o prestígio papal mantém-se vivo, ao recusar-se a subscrever ele próprio um acordo com Arichis, se este fosse acordado, preferindo antes atribuir esse poder a um dos seus agentes, reservando assim para si uma conduta ao mais alto nível. Isto só foi possível porque Roma estava relativamente segura e porque ele sabia que Calinicus estava no mesmo estado de espírito que ele em relação à paz.

As negociações de paz estavam numa fase avançada, pois em novembro/dezembro de 598, Gregório dirige-se pessoalmente ao rei, agradecendo-lhe a confirmação de um tratado de paz.[167] Aproveita também a ocasião para exortar o rei a exercer a sua influência para que os duques sejam informados e cumpram os termos do tratado. Isto mostra claramente que o Papa continua a desconfiar dos duques lombardos e espera que a influência real os obrigue a adotar os termos do acordo. Uma carta quase simultânea é enviada a Theudelinda[168] com um conteúdo semelhante, mas sublinhando os seus agradecimentos e o seu apreço pelo facto de a rainha estar a esforçar-se por prover à sua alma, tolerando todas as coisas que são próprias de um bom cristão. É interessante o facto de Gregório usar o seu papel de pai espiritual para lhe pedir que transmita os seus agradecimentos e admoestações de que é do interesse dos Lombardos cooperar com o império. Para além da pura cortesia, o papa deseja exercer a sua orientação espiritual sobre a rainha, esperando que ela não se mantenha fiel ao seu apoio ao clero cismático na controvérsia *dos Três Capítulos*. Ao mesmo tempo, Gregório envia uma carta suplementar de agradecimento a Teudelinda,[169] reconhecendo a sua própria contribuição para a conclusão final da paz pelo rei. Esta é uma indicação clara de que, apesar de todas as suas diferenças relativamente à posição da rainha sobre o cisma dos Três Capítulos, o papa considera que ela é uma aliada valiosa e uma fonte de confiança nas suas tentativas de assegurar uma paz geral mais sustentável.

A existência de um acordo de paz é confirmada por duas cartas concretas do Papa, ambas datadas entre fevereiro e abril de 599[170] , dirigidas ao mestre dos soldados Maurêncio e ao antigo *prefeito* da cidade Gregório, solicitando que se providenciasse o encaminhamento de troncos de árvores de Brutium para as igrejas de São Pedro e São Paulo, em Roma, onde eram necessários. Esta comunicação diz respeito ao trânsito seguro a partir do território de Benevento, e o papa quer certificar-se de que o duque Arichis é notificado e permite a condução segura dos troncos necessários até ao mar, prometendo o papa presentes consideráveis

[167] Norberg, IX 66, 621-2.
[168] Norberg, IX 69, 626.
[169] Norberg, IX 69, 624.
[170] Norberg, IX 125-6, 675.

como agradecimento. A segunda destas cartas diz mais respeito ao fornecimento de provisões materiais e de homens que efectuem esta transferência. O que é importante para o nosso objetivo é o cuidado meticuloso que Gregório demonstra em assegurar o envio seguro dos baús necessários, e o seu cuidado em manter todas as formalidades com os Beneventanos, tanto mais que estes parecem ter sido a incógnita na manutenção segura da paz. Uma outra carta é enviada diretamente ao próprio Arichis[171] na qual o papa lhe pede que providencie ao subdiácono Sabiniano, a quem foi confiada a missão acima referida, homens e bois para levar os baús até ao mar e, tal como nas cartas anteriores, promete oferecer presentes dignos quando a missão estiver cumprida. Assim, o papa toma claramente a precaução de completar todos os aspectos formais deste pedido de forma a não deixar espaço para rancor ou má conduta.

A conclusão da paz não impedirá Gregório de descrever, num comentário de passagem, a sua vida quotidiana sobrecarregada a Eulogius, *patriarca* de Alexandria.[172] Comenta que a gota, a presença dos bárbaros e a sobrecarga de tarefas contribuem para as suas fadigas quotidianas. É duvidoso que o papa seja realmente sincero no que diz respeito à presença lombarda, uma vez que, nessa altura (julho de 599), já estava em vigor uma paz geral. No entanto, o papa pode estar apenas a referir-se aos vários deveres que a presença dos lombardos trazia, como o cuidado das igrejas em território lombardo ou a libertação de cativos. Uma vez que a sua sensibilidade em relação a estes últimos está bem comprovada, não há razão para contestar a sua sinceridade ao descrever as consequências da presença lombarda como parte das suas tarefas quotidianas.

No entanto, apesar de todos os progressos, Gregório não tinha a certeza de que Agilulf conseguisse uma paz universal, pelo que, em julho de 599, adverte o bispo de Cagliari, Ianuarius, para que se certifique de que todas as partes do seu bispado estão bem providas para a sua defesa.[173] Trata-se de um comentário bastante estranho, uma vez que o papa saudou a conclusão da paz e que a Sardenha era uma das possessões bizantinas mais seguras, tendo em conta que os Lombardos necessitavam de uma frota para se aproximarem e que a ajuda de África e da Sicília era facilmente acessível. O comentário passageiro de Gregório pode muito bem ser de natureza cautelar, mais do que uma informação exacta sobre um ataque lombardo contra a ilha.

A partir de fevereiro de 600, Gregório dirige-se ao duque da Campânia, Gudiscalcus , provavelmente lombardo, a quem pede contenção na disputa com o abade do mosteiro. Em fevereiro de 600, Gregório dirige-se ao duque da Campânia, Gudiscalcus[174] , provavelmente um lombardo,[175] a quem pede que se contenha na sua disputa com o abade do mosteiro de (provavelmente) S. Miguel, na península de Gargano, que se dizia disposto a transferir a sua lealdade para os lombardos. Não se conhecem pormenores concretos sobre esta disputa, mas parece que o duque recorreu a medidas excessivas que provocaram uma mini-revolta, tanto entre os clérigos como entre os soldados. É tentador, mas de modo algum certo, supor uma prática de zelo excessivo da sua parte, algo concebível, se ele quisesse ganhar a confiança do governo bizantino, sendo ele próprio um lombardo.

Uma carta importante é a X 16[176] de julho de 600, dirigida ao novo *pretoriano* de África, Inocêncio. O papa exorta-o a estar pronto para qualquer ação possível contra os Lombardos e saúda a sua prontidão em ter navios de guerra[177] prontos para a ação, explicando que o tratado de paz acordado devia durar até março do quarto indicio = março de 601. Entretanto, foi noticiado que o rei tinha morrido, pelo que ele esperava que prevalecessem condições incertas. É evidente que, se o mês de março constituía o fim do tratado acordado, há uma forte possibilidade de que o mesmo mês de 598 ou, mais provavelmente, de 599, pudesse ter sido o seu ponto de partida. No entanto, parece que chegou ao papa uma informação de que Agilulf tinha morrido. O facto de tal informação não aparecer em cartas anteriores escritas no mesmo mês, como a IX 196 a Ianuarius de Cagliari, de julho de 599, indica, a meu ver, que a X 16 deve ser datada mais tarde no mesmo mês e que tal notícia ainda não tinha chegado a Gregório. Isto significa que, apesar da distância relativamente curta, as

[171] Norberg, IX 127, 676.
[172] Norberg, IX 176, 732.
[173] Norberg, IX 196 751, l. 37-39.
[174] Norberg, X 5 830-1.
[175] Brown, 94.
[176] Norberg, 846, l. 20-21.
[177] O termo *Dromon* indica exatamente este tipo de navio.

comunicações podiam ser frágeis e que apenas um rumor ou uma notícia falsa podia pôr em risco toda uma política. É claro que existe a possibilidade de o Papa ter intencionalmente dado essa informação a um alto funcionário africano, para que a vigilância fosse mantida ao mais alto nível, mas eu consideraria essa técnica demasiado engenhosa e improvável de ser utilizada pelo Papa.

A conclusão da paz não impediu, no entanto, o surgimento de divergências sobre questões eclesiásticas. Uma das mais graves afectou a igreja de Milão, para a qual foi eleito um diácono chamado Deusdedit para suceder a Constâncio, o seu falecido arcebispo. Como se depreende da carta relevante, datada de setembro de 600[178] , Agilulf propôs o seu próprio candidato, que tentou sobrepor aos milaneses e assim impor a sua própria autoridade à do Papa. Gregório encorajou os milaneses a resistir, salientando que a sua decisão deveria ser provada pela conduta temporal e espiritual do novo arcebispo. Se podemos tirar alguma conclusão do comportamento de Agilulf, é que ele se comportou exatamente de acordo com o quadro legal que permitia aos imperadores interferir nos assuntos da Igreja. No entanto, ele não era um imperador e era um ariano a governar uma população maioritariamente católica. A própria medida poderá ter sido tática, indicando que a autoridade do Papa deveria ser limitada fora da capital real e, para além da sua necessidade de controlar os assuntos, Agilulf poderá considerar desonroso permitir a eleição de um arcebispo sem que ele próprio se pronunciasse. Tal atitude seria mais plausível durante a guerra, mas, após a conclusão da paz, parece um desafio direto à autoridade espiritual do Papa e ao desejo do povo. Assim, torna-se demasiado óbvio que a coabitação entre italianos e lombardos tinha ainda um longo caminho a percorrer, antes de se tornar totalmente harmoniosa. Se a proposta do rei fosse bem sucedida, Agilulf poderia estar em melhor posição para usurpar a autoridade imperial e papal.

No passo seguinte dos contactos de Gregório com os Lombardos, as coisas tinham evoluído muito. O imperador Maurício foi derrubado por Focas em 692, e o velho *exarca* Smaragdus estava de volta ao seu antigo posto em junho de 603, quando o papa lhe dirigiu uma carta preocupada sobretudo com a proteção de Firmino, bispo de Trieste, dos seus colegas bispos cismáticos da Ístria. Faz referência a um certo Accila, obviamente um oficial lombardo, que prometeu respeitar qualquer acordo de paz que o *exarca* pudesse concluir nos próximos trinta dias. Prometeu também libertar os seus cativos romanos com os seus bens, mas exprimiu a sua dor pela morte dos seus próprios homens.[179] É difícil saber exatamente a que episódio Gregório se refere, mas a impressão geral é que se trata de um incidente local e de escaramuças com um chefe local, provavelmente no centro de Itália, que não foi afetado pelas condições de uma paz geral, possivelmente porque esta passava por períodos de tempo estipulados e renovados, o que podia causar curtos períodos de instabilidade. É importante que, nesta altura, o Papa se possa dirigir tanto aos romanos como aos lombardos. Esta intervenção, um pouco informal, comparada com as que o papa dirige a Agilulf ou a Theudelinda, só mostra que a palavra papal contava mesmo com chefes menores. Neste sentido, a carta é importante, pois aponta para o estabelecimento gradual da autoridade papal sobre os assuntos do Ocidente.

Um mês mais tarde, Gregório dirigir-se-á ao novo imperador como parte da sua carta de recomendação para Bonifácio, o novo *responsalis* em Constantinopla.[180] A carta está cheia de lisonjas baratas ao novo imperador, mas a expressão de alívio pelo fim de males antigos deve ser tratada como uma sincera expressão de gratidão, uma vez que é conhecida a hostilidade do papa para com o imperador Maurício. O papa explica que a subida de Focas ao trono foi um favor divino, após trinta e cinco anos de tribulação, devido à presença lombarda. Para qualquer leitor moderno, isto é Gregório no seu pior, mas para o historiador a carta é significativa tanto pelas relações formais entre papas e imperadores, que quase obrigavam o papa a manter alguma etiqueta. Gregório, porém, vai mais longe, pois sabe que o novo imperador é um acérrimo defensor do credo de Calcedónia. Mas com a sua referência passageira à presença lombarda, o papa quer lembrar ao seu destinatário que tem a responsabilidade de executar a providência divina e manter a prosperidade da população, ou seja, manter relações pacíficas com os lombardos. Esta é uma indicação clara de que, apesar de atuar como estadista, o papa continua a ser um alto funcionário do regime imperial e não tem intenção de tomar decisões

[178] Norberg, IX 6 868, 23-36.
[179] Norberg, XIII 34 1035-6, l. 36-40.
[180] Norberg, XIII 39, 1043.

puramente políticas. Este facto não pode deixar de aumentar o prestígio de Gregório, que se torna um representante de confiança da república em Itália, o que lhe permite liderar as suas outras missões mais importantes, a oeste e mais longe.

Esta série de cartas do papa termina quase com um final feliz, tendo apenas como nota triste os sintomas cada vez mais graves de gota que assinalam a sua morte próxima, que viria a ocorrer menos de um ano depois. Gregório dirige-se a Teudelinda e felicita-a depois de ter recebido um relatório da vizinhança de Génova (ainda em mãos bizantinas), segundo o qual o recém-nascido herdeiro do trono, Adaloaldo, tinha sido batizado como católico por Secundo, o bispo de Trento.[181] Envia também uma cópia das actas do Quinto Concílio Ecuménico de 553, o que, a meu ver, indica que a rainha se afastou da sua posição anterior de estar do lado dos que rejeitavam a condenação dos Três Capítulos, e não como uma tentativa do Papa para a convencer. Num gesto paternal, oferece um amuleto com um pedaço da verdadeira cruz ao herdeiro recém-batizado e também uma bíblia embrulhada em tecido fino, enquanto à sua irmã, provavelmente Gundeperga, oferece três anéis com pedras preciosas. Pede também que os seus agradecimentos sejam transmitidos a Agilulf pela sua vontade de manter a paz existente. Este fim deve ter consolado Gregório, que podia deixar para trás a esperança de que um novo rei católico sucedesse ao trono lombardo e, assim, toda a nação tomasse um rumo diferente. Isso viria a acontecer, mas muito mais tarde do que o tempo previsto pelo papa. Iria morrer em breve, afetado pelos efeitos da gota e talvez por outras causas de doença.

Então, como resumir a presença de Gregório no espetro histórico? As suas cartas seguem as várias reviravoltas da presença lombarda em Itália de uma forma detalhada e, muitas vezes, inesperada. Incluem tanto cartas cruciais que dizem respeito à conduta geral para alcançar uma paz duradoura, como também são evidentes os seus sentimentos em relação a várias personalidades, como imperadores e *exarcas*. Ao mesmo tempo, podem ser ainda mais valiosos os vários comentários de passagem que aparecem em cartas de conteúdo geralmente irrelevante. Trata-se de aspectos de pequenas questões práticas, como o pagamento do resgate de cativos ou a aceitação de um bispo local. Estes comentários são de grande importância, pois lançam luz sobre acções e problemas do fundo do palco. Entretanto, pode ser traçado um procedimento quase passo a passo do aumento gradual da autoridade papal, juntamente com as agonias e preocupações dogmáticas do papa. É verdade que a sua pequena lisonja ao novo imperador Focas pode causar uma grande deceção para a imagem global de Gregório, mas a carta, para além da sua importância como sinal das limitações da autoridade papal já apontadas, é significativa para compreender que o papa não era um "homem moderno", mas um homem do seu tempo, que precisava de jogar o seu jogo em termos apreciados pelos seus contemporâneos. Essas personalidades contemporâneas desfilam em todas as suas cartas, e talvez valha a pena um projeto de pesquisa prosopográfica apenas para as personalidades que aparecem no seu *Registrum*. Finalmente, uma grande dor de cabeça para Gregório foi a divisão da Igreja italiana em torno do cisma dos Três Capítulos. É, pois, tempo de refletir sobre esta divisão e explorar o seu significado político durante o primeiro período crucial da presença lombarda na península.

[181] Norberg, IX 12, 1082-4.

Capítulo 2

UMA NOVA MALDIÇÃO? A POLÍTICA ITALIANA E A CONTROVÉRSIA SOBRE OS TRÊS CAPÍTULOS

Quando o imperador Justiniano (527-565) decidiu empregar os meios da teologia para trazer de volta a comunidade monofisita à comunhão com os seguidores do credo de Calcedónia, não podia prever as graves consequências que a sua ideia iria causar. Não só não conseguiu reunir os monofisitas, como provocou uma grave cisão no seio da Igreja ocidental, que veio no pior momento possível para a Itália, sede e principal base de atividade e prestígio papal, mas também reza a invasão lombarda a partir de 568. A sua igreja estava dividida, com declarações violentas e persistentes de ambos os lados, o que impediu a formação de uma frente unificada contra os invasores. Vista desta perspetiva, esta controvérsia poderia ser justificadamente chamada "uma maldição". Nas páginas que se seguem, tentar-se-á explicar o seu significado e as suas consequências no plano político e na eventual divisão do país.

Em retrospetiva, pode argumentar-se que toda a questão dos Três Capítulos foi uma grande aposta da parte de Justiniano, que explorou os seus conhecimentos teológicos para tentar obter um consenso entre os adeptos do quarto Concílio Ecuménico, também conhecido como Concílio de Calcedónia, e os monofisitas, cuja lealdade era crucial durante as guerras do império contra a Pérsia. Justiniano soube tirar partido de dois factores. Utilizou os seus conhecimentos teológicos e os conselhos do seu secretário Teodoro Ascidas para sugerir a condenação de três escritores do século V, adeptos da heresia nestoriana, condenada tanto pelos calcedónios como pelos monofisitas. No entanto, os referidos escritores tinham sido aceites pelos calcedónios e a insistência de Justiniano, juntamente com a posição ambivalente do Papa Vigílio, que acabou por sucumbir à pressão do Estado e assinou a condenação durante o quinto Concílio Ecuménico de maio de 553, suscitou uma forte oposição no Ocidente, nomeadamente em África e Itália.[182] As consequências da controvérsia surgiram no seu rescaldo, dependendo em grande medida das atitudes papais e das preferências episcopais. No caso da Itália, a invasão lombarda chegou no pior momento possível para complicar ainda mais a situação e causar não só problemas religiosos, mas também políticos graves. São, portanto, os efeitos da controvérsia para os principais actores e para a Itália em geral que serão tratados neste último capítulo, cujo objetivo é combinar, tanto quanto possível, o efeito político deste cisma em curso.

O que é importante ter em conta é o facto de a parte norte de Itália, que compreende a diocese de *Italia Annonaria*, ser em grande parte independente do papa em Roma, sendo, desde o século IV, controlada pelos metropolitas de Milão e Aquileia. A situação complicou-se ainda mais com a ascensão de um terceiro poder, o arcebispado de Ravena, cujo estatuto foi melhorado, uma vez que a cidade se tornou capital imperial e, depois, administrativa.[183] As sedes de Milão e Aquileia, em estreita relação desde o tempo de Ambrósio, no final do século IV, só se afastaram no início do século VI. Mas era do seu interesse comum resistir às ambições do arcebispo de Ravena.[184]

O ano de 559 é tido como o verdadeiro início do cisma italiano, quando Paulus se concentrou, segundo uma antiga tradição, como bispo de Aquileia em Milão. É importante sublinhar, como faz Sotinel[185] que, ao contrário dos cismas anteriores, em que o cisma ocorria dentro de uma igreja, o atual era o cisma de toda uma igreja, de toda uma região, da comunhão com Roma. Este facto não podia deixar de se refletir em graves consequências políticas, o que facilitou muito o trabalho dos invasores lombardos.

De importância crucial é a atitude imperial face ao agravamento das relações entre Roma e Aquileia-Milão. As autoridades estatais mantiveram uma distância tácita das políticas papais e mais do que toleraram os bispos do Norte de Itália, todos a favor dos Três Capítulos. Isto não é surpreendente, uma vez que o controlo imperial no Norte de Itália era ainda precário, com uma presença franca ambivalente e uma resistência gótica,

[182] A bibliografia é vasta e, até 2007, está reunida no volume de Chazelle & Cubitt. Para uma análise pormenorizada da evolução da controvérsia, ver o artigo de R. Price em Chazelle & Cubitt, 2007, 17-39.
[183] Para mais pormenores, ver Sotinel, (in Chazelle & Cubitt, 2007), 85-87.
[184] Chazelle & Cubitt, 2007, 92.
[185] Chazelle & Cubitt, 2007, 102.

especialmente em Verona, que se prolongou até 562 e uma revolta de Sindual em 567. Ao mesmo tempo, os bispos do norte chegaram a realizar um sínodo, entre 575 e 582[186] , ou seja, quando os lombardos já estavam presentes e o império não podia perder qualquer tipo de apoio da população e dos eclesiásticos locais. A ascensão do arcebispado de Ravena levou Aquileia, Grado e depois Veneza, a optarem pelo uso do título de *patriarca*, título este que foi ganhando prestígio no oriente.[187] A geografia dos bispados subordinados quer a Aquileia, quer a Milão, não foi, no entanto, constante. Assim, enquanto Verona e Trento aderiam originalmente a Milão, a sua obediência volta-se cada vez mais para Aquileia após a invasão lombarda.[188] Como se explica este facto? A meu ver, o facto de o primeiro rei lombardo ter feito de Milão a sua capital, e de a sua autoridade ter continuado a ser forte sob Agilulf, pode ter contribuído para a adesão de mais bispados à metrópole de Aquileia, que parecia não só o verdadeiro centro da ortodoxia contra as pretensões de Roma, mas também o pólo cultural que poderia servir de local de resistência ao avanço do arianismo.

Como explicar, então, a reação dos principais metropolitas do Norte de Itália à invasão lombarda? Nenhuma das duas sedes deve ter-se sentido segura, uma vez que o novo bispo de Aquileia fugiu com a população da cidade para a ilha de Grado, enquanto, ao mesmo tempo, apenas uma parte da população e da aristocracia de Milão seguiu o seu bispo para Génova.[189] A partir de 573, o novo bispo exilado de Milão, Laurêncio, tentou uma reconciliação com Roma que, apesar das suas reviravoltas, acabou por resultar, deixando Aquileia como única metrópole dos bispos apoiantes dos Três Capítulos.[190] É de perguntar se esta eventual situação não terá sido também um *desiderato* da corte lombarda. Embora não se possa argumentar que as primeiras abordagens do bispo de Milão dificilmente poderiam gozar de qualquer apoio ou aprovação por parte das autoridades lombardas, a sua coordenação final com a posição de Roma poderia muito bem gozar do apoio dos lombardos, que poderiam assim obter mais um canal de comunicação entre eles e a maioria da população local, por um lado, e o papado, por outro. Isto significava que, consoante as circunstâncias, o papa podia recorrer a um intermediário ou a um opositor da política do império, o que permitia uma certa margem de manobra se as ambições lombardas ou papais não se coadunassem com a política imperial. Não é claro se, na década de 590, os bispos milaneses chegaram ao ponto de regressar a Milão, mas isso não aconteceu. Continuaram a ser seguidores da política bizantina e mantiveram-se subordinados a Roma.[191] Uma das razões para tal poderá ser o facto de Génova se encontrar perto da fronteira franca e a cooperação com os francos, desde que estes se opusessem aos lombardos, poderia garantir um possível regresso seguro à sua sede própria, algo que não aconteceu até à tomada de Génova pelo rei lombardo Rothari (636-52), por volta de 643. Como era de esperar, Johannes, o bispo da altura, fugiu para Roma ou para a Sicília.[192] Esta situação beneficiou os Lombardos, que puderam influenciar os acontecimentos nos bispados que controlavam, incluindo Milão. Em 593, o recém-eleito arcebispo de Milão Constâncio, amigo íntimo de Gregório Magno, foi rejeitado por três bispos da Líbia e, a conselho do seu mentor Secundo de Trento, um acérrimo defensor dos Três Capítulos, a rainha Teudelinda recusou-se a comungar com ele, apesar da insistência do papa.[193] A oposição continuou, no entanto, com o papa a ter de declarar que Constâncio nunca tinha dito uma palavra contra os Três Capítulos, mas o povo de Brescia pediu explicitamente uma declaração de não condenação dos Três Capítulos por parte dele.[194] O facto de Constâncio ter acabado por se reconciliar com a católica Theudelinda não significa que se tenha reconciliado com os bispos sufragantes, mas as disputas diziam respeito a outros assuntos.[195]

---

[186] Chazelle & Cubitt, 2007, 105-6.
[187] Ibid, 107.
[188] Chazelle & Cubitt, 2007, 108.
[189] Ibid, 108-9.
[190] Ibid, 109.
[191] Ibid, 109.
[192] Ibid, 109. Não sei com que fundamento Sotinel prefere 649, quando a Ligúria caiu em 643. Brown, 1984, 31, limita-se a referir que Génova caiu no início de 640. Prefiro seguir Christie, 1990, 235, que opta por 643.
[193] Ibid, 109. Pohl in Chazelle e Cubitt, 2007, passim.
[194] Gregório IV 2; Norberg, 218-19, IV 3; Norberg, 219-20. Para Brescia, IV 37; Norberg, 257-9; Chazelle & Cubitt, 109.
[195] Chazelle & Cubitt, 109-10.

De acordo com vários pormenores retratados nas cartas de Gregório, torna-se claro que Roma fez todos os esforços para afirmar a sua supremacia e a sua liderança sobre a Igreja milanesa. O que é mais interessante, porém, é saber se o império sentiu que havia um ganho político. Não dispomos de informações sobre as atitudes políticas de Ravena, mas pode presumir-se que, desde que o papa não se tornasse demasiado forte, o império podia contar com o bispo de Milão, mesmo no exílio, como defensor indireto da sua política de considerar as cidades do norte de Itália como temporariamente perdidas ou, mais tarde, como uma ponte útil para melhorar as relações com a corte lombarda. Em 600, a morte de Constâncio mostrou que as relações entre o papado e a corte lombarda eram ainda precárias, uma vez que Gregório se ressentiu da interferência de Agilulf a favor da eleição de Deusdedit, em relação ao qual o papa mantinha sérias reservas.[196]

Como o aumento da independência da Sé de Ravena era um desenvolvimento político sem repercussões religiosas, a Sé de Aquileia tornou-se a principal força de influência e o centro de pronunciamento a favor dos Três Capítulos. Um concílio de que foi responsável, em 606, contou com delegados de lugares tão distantes como Augsburgo e Sopron.[197]

Uma mudança de atitude papal ocorreu durante o pontificado de Pelágio II (56990), que foi o primeiro a colocar as igrejas cismáticas fora do quadro romano, referindo-se a um cisma da Ístria. Ao mesmo tempo, ele retomou as tentativas de trazê-las de volta ao corpo eclesiástico principal sob a liderança de Roma.[198] Tendo em conta que Pelágio sentia o perigo dos lombardos de forma muito aguda, é compreensível que quisesse impor a sua vontade às igrejas recalcitrantes. Este é um aspeto pouco mencionado, tanto quanto sei, e pode ser explicado pela informação limitada que possuímos sobre a personalidade desse papa. No entanto, mesmo que ele não conseguisse, como aconteceu, restringir a área geográfica dos cismáticos. Pelágio poderia reiterar a existência de uma igreja forte e unificada sob o papado, em oposição a uma secção geográfica menor separada, como era a província de Ístria. Mas a própria Ístria deve ter sido motivo de preocupação, apesar da sua localização geográfica periférica. Sabemos que foram realizados dois concílios sob os seus auspícios, o segundo dos quais em 591, em Marano (it. Merano). Sabemos também que, no ano anterior, o seu *patriarca*, Severo, foi preso por Smaragdus e obrigado a aceitar a comunhão com João, arcebispo de Ravena. O resultado foi a recusa da comunhão no seu regresso, antes de assinar um panfleto condenando o seu próprio erro.[199]

A maior parte das informações de que dispomos sobre este episódio provém de uma carta enviada por dez bispos da Ístria a Maurício em 591, queixando-se da prisão de Severo e da sua detenção forçada pelo *exarca* em Ravena.[200] Tendo em conta que Maurício era geralmente favorável aos monofisitas, é surpreendente observar que os subscritores da carta são tão corteses no seu discurso. Mesmo ignorando a etiqueta, o próprio facto de o imperador estar profundamente afastado do papa pode ter sido uma carta a usar da parte deles. Já estavam sob a ocupação lombarda, que atribuíam aos seus pecados, mas salientavam que, com a ajuda divina, isso não seria um fardo para o seu sustento da fé católica. Ao mesmo tempo, não esquecem a poderosa república sob cuja autoridade viveram em paz no passado, e para cujos braços estão prontos a correr na primeira oportunidade. Não se trata apenas de uma cortesia diplomática, mas de uma mensagem real e, talvez, arriscada, que reflecte a sua ideologia, uma vez que se colocariam em apuros, caso a sua carta fosse apanhada pelos Lombardos. Ao mesmo tempo que demonstravam a sua fidelidade, apresentavam um segundo pólo, oposto, do patriotismo romano, quando os papas faziam questão de se apresentar como o braço ocidental do patriotismo romano, auxiliando efetivamente a ação dos exarcas. A culpa é atribuída a Smaragdus, que não parava de pressionar *o patriarca* Helias a retomar a comunhão com Roma, tendo este último proposto a convocação de um sínodo. No entanto, Smaragdus adoptou uma atitude mais dura com o seu sucessor Severo, que manteve prisioneiro em Ravena. Aqui entra outra parte importante, pois os istrianos sugerem que foi uma

---

[196] Chazelle & Cubitt, 111.
[197] Ibid, 111.
[198] Ibid, 112.
[199] Ibid, 1121.
[200] Ep. I, 16A, MGH Ep. 1, pag. 17-21. Para a carta, cf. "Aquileia e Bisanzio nella controversia dei Tre Capitoli", in Aquileia e l' Oneo, 2 vols (Aquileia: Centro di antichità altoadriatiche; Udine, Arte grafiche friulan e, 1977), I, 231-62; Alzati, '"Pro sancta fede"', pag. 109; Pohl, Heresy in Secundus and Paul the Deacon, [in Chazelle & Cubitt], 243-62, aqui 253 n. 26.

ordem imperial, a conselho do papa Gregório, para que Severo fosse pressionado a ir pessoalmente a Roma e retomar a comunhão com o papa. Presumivelmente, a questão, no que respeita ao imperador, ainda não estava resolvida, pelo que os Ístrios mantinham alguma esperança de alterar o apoio de Maurício a Gregório. Caso contrário, a sua ação seria totalmente desprovida de sentido. Vale a pena questionar também a expressão utilizada para designar a pessoa do papa, simplesmente *reverendum*, que apenas aponta para o que deveria ser a sua pessoa, e não o que é de facto. Recordam que apoiam sem reservas a causa de Calcedónia, pedem a libertação do seu prelado e, o que é mais significativo, estão dispostos a discutir a questão da comunhão num sínodo, quando o jugo lombardo tiver terminado. Isto significa, mais uma vez, que os istrianos ainda consideram a ocupação lombarda como temporária. Depositaram as suas esperanças nos actos do novo *exarca*, o patrício Romanus. Isto é definitivo para a retirada de Smaragdus em 591, e talvez para a colocação da prisão de Severo ainda um pouco mais cedo, em finais de 590. Mas o seu apelo não deixa de ser uma ameaça sub-reptícia, pois, ao mesmo tempo que afirmam com veemência os seus sentimentos patrióticos, sugerem que, se o imperador não fizer qualquer concessão a seu favor, o seu povo está disposto a submeter a sua província à vizinha igreja franca, retirando-a assim do poder imperial. Igreja franca, neste sentido, significa, a meu ver, borgonhesa. Assim, o que os istrianos estão a sugerir é que a Venetia e a Raetia Secunda podem cair sob a jurisdição eclesiástica do rei Gunthram, que era hostil às ambições do império. A ameaça é muito grave, uma vez que implica indiretamente a cooperação com os Lombardos, aos quais não podiam submeter a jurisdição eclesiástica, uma vez que eram Arianos. Por fim, insinuam que, se mudassem de atitude, o seu pecado causaria a opressão permanente dos lombardos e, assim, imploram ao imperador que não satisfaça os desejos daqueles que não têm respeito por Deus e pela Igreja Católica.

Mas por que razão terá o *exarca* recorrido a uma ação tão arbitrária? A resposta mais plausível parece-me ser um possível pedido do papa Pelágio, pouco antes da sua morte. Este enviou uma série de cartas aos Ístrios, a partir de 585, aconselhando-os a retomar a comunhão com Roma, endurecendo gradualmente a sua posição à medida que o tempo passava.[201] Uma vez que a Ístria se situava muito a norte, e partindo do princípio de que esta conclusão é correta, o papa deve ter-se convencido de que seria necessário tomar uma medida drástica na esperança de assegurar a unidade eclesiástica. O *exarca* era o homem que tinha os meios e a autoridade para cometer esse ato. Mas porquê Pelágio e não Gregório? Este último estava quase estabelecido e, para um político astuto como ele era, seria muito insensato começar o seu pontificado ordenando tal ação. Além disso, ele teria deixado algum tipo de vestígio na sua rica correspondência que, noutros aspectos, está tão amplamente preocupada com o cisma sobre os Três Capítulos. Como vimos, os istrianos responderam em 591 com o envio de uma carta a Maurício, queixando-se das medidas tomadas contra o seu *patriarca*, Severo.[202] Queixam-se de serem os únicos verdadeiros apoiantes dos actos do concílio de Calcedónia, na sua qualidade de defensores dos Três Capítulos. Mais importante ainda, ao descreverem as misérias sofridas pelas suas províncias, reiteram, no entanto, a sua lealdade ao império e, mais diplomaticamente, sugerem a convocação de um concílio geral para resolver as questões religiosas, uma vez derrotado o inimigo. Esta afirmação é, por si só, importante, pois mostra que os istrianos, sob a sujeição lombarda, continuavam a acreditar que o império se tornaria vitorioso num futuro não muito distante. Assim, no momento em que Maurício se desentende com o novo papa, os Ístrios aproveitam esta querela para pedir a sua própria proteção, respeitando assim o velho princípio do imperador como chefe oficial da Igreja, seguindo assim os padrões orientais. Desta forma, os istrianos parecem, apesar da tolerância lombarda para com os apoiantes dos Três Capítulos, esperar, ou fingir esperar, que o inimigo acabe por ser derrotado. Se o imperador estivesse disposto a exercer a sua autoridade primitiva, então o papado pouco poderia fazer para exercer a sua posição sobre igrejas que, durante muito tempo, não foram suas sufragantes. A partir da própria carta, fica claro que Gregório exigiu que Severo, juntamente com alguns dos bispos que o acompanhavam, fossem levados a Roma, onde seriam forçados a aceitar a comunhão com o papa. Esta é uma indicação clara de que o papado estava envolvido na detenção original de Severo em Ravena, e que Smaragdus actuou como agente papal. O facto de Severo ter acabado por aceitar a comunhão com João, arcebispo de Ravena, foi uma vitória para as autoridades bizantinas, que assim

[201] Para mais pormenores, Straw [em Chazelle & Cubitt, 2007], 122.
[202] Azzara, [in Chazelle & Cubitt, 2007], esp. 209-210.

aumentaram o prestígio da capital do exarcado, e simultaneamente uma derrota para Gregório, que viu a Santa Sé humilhada. Ao mesmo tempo, este episódio pode explicar as relações tensas que surgiram, desde a sua chegada a Itália, entre o papa e o novo *exarca*, Romano. Tratava-se, como se disse, de um antigo privilégio das duas metrópoles, Milão e sobretudo Aquileia, que pretendiam aderir a uma tradição grega e oriental, possivelmente de Alexandria. Esta situação foi anulada graças ao poder do papa Leão I (440-61), cujo poder aumentou tanto com a promulgação, juntamente com o imperador Marciano (450-57), do concílio de Calcedónia, mas sobretudo com a sua capacidade de persuadir Átila a retirar-se de Itália, que conseguiu reduzir drasticamente a ideia de independência eclesiástica de Roma para as igrejas de Veneza.[203] Apesar de uma situação ambivalente no início do século VI, a oposição contra as "decisões dos "gregos"" intensificou-se com a prisão de Datius de Milão e a suposta perseguição do papa Vigilius em Constantinopla.[204] À medida que a polémica se prolongava e a maior parte das sés capitulava, Aquileia adquiriu a liderança dos partidários dos Três Capítulos.

A resposta de Maurício ao papa, também datada de 591,[205] proíbe a transferência dos Ístrios para Roma, e o imperador manifesta a esperança de que seja convocado um sínodo para decidir as questões teológicas, quando a Itália viver em condições mais pacíficas. Esta foi certamente uma decisão muito compreensível, uma vez que o imperador queria evitar uma disputa teológica prejudicial dentro de Itália, numa altura em que a maior parte da Veneza estava sob o domínio dos Lombardos, enquanto a área da Aquileia ainda estava na posse dos Bizantinos. Gregório não era cego ao significado político desta proibição, e não faz qualquer referência ao assunto nas suas queixas sobre as atitudes imperiais. Assim, enquanto Maurício esteve no poder, é difícil concordar com a avaliação de Walter Pohl de que "cismáticos como Secundo, portanto, não consideravam os papas como seus principais adversários, mas as autoridades bizantinas".[206] Não temos detalhes suficientes sobre as actividades de Secundo, mas há poucas dúvidas de que ele estava do lado dos bispos tricapitolinos. No entanto, em vez de o considerar um protagonista entre os cismáticos, seria talvez mais correto classificá-lo como um moderado que ainda estava em posição de encontrar um consenso com o papa. Numa controvérsia tão contestada, é de perguntar se Gregório teria sido notificado, pelo menos oficialmente, do batismo de Adaloald ao catolicismo. No entanto, o tom da carta XIV 12 não aponta apenas para um papa feliz, cujas relações com o casal real eram suficientemente boas para enviar presentes às crianças reais, juntamente com uma cópia das actas do quinto Concílio Ecuménico a Secundus. Se este último apoiava a comunicação entre o casal real e o papa, isso só podia significar que as suas divergências ainda não tinham chegado ao ponto de rutura. Poderíamos ter sabido mais sobre este caso, se a morte do papa não tivesse ocorrido tão pouco tempo depois. Foram apenas alguns anos até que a rivalidade entre os dois *patriarcados*, o de Aquileia, agora em Grado, e o *patriarcado* reconstituído de Aquileia, agora sob o domínio dos Lombardos, se enraizasse.

Os protagonistas do episódio original, Severo, o papa e o recém-renomeado Smaragdus, voltam a aparecer na correspondência de Gregório em junho de 603.[207] O *exarca*, que é elogiado pelo seu zelo no caso dos Três Capítulos, é convidado a tomar medidas de proteção em relação a Firmino, o recém aceite bispo de Trieste, que foi ameaçado por Severo, agora chamado *Gradensis*, com uma insurreição geral no seu bispado, a menos que voltasse à posição cismática. Nessa altura, Gregório sabia que podia contar tanto com o apoio firme do imperador Focas como com o do *exarca*. Tratava-se de uma reviravolta interna bizantina no conflito, mas podemos perceber o desejo de ambas as partes de ajustar contas antigas. Trieste era um importante posto estratégico, muito próximo da Ístria bizantina e dos territórios lombardos da Veneza, que já incluíam a Aquileia propriamente dita. A doutrina dá assim lugar à força prática na correspondência do Papa, estando o velho *exarca* pronto a ajudar as ambições papais na inversão das políticas do imperador Maurício.

Grado, que mais tarde se tornou o *patriarcado* rival do norte de Itália e o antecessor do *patriarcado*

---

203 Chazelle & Cubitt, 2007, 211.
204 Chazelle & Cubitt, 2007, 211-12.
205 MGH Ep. I, 21-23.
206 Chazelle & Cubitt, 2007, 260.
207 Norberg, XIII 34, 1035-36.

veneziano, só se separou de Aquileia em 607, ou seja, na altura em que Constantinopla reconheceu a permanência da presença lombarda em Itália. A sua existência começou apenas como um local de fuga à captura de Aquileia pelos Lombardos.[208] Assim, como sinal das hostilidades existentes, podemos traçar o aparecimento de duas tradições distintas. De acordo com a antiga crónica veneziana, foi por ordem de Agilulf que o duque de Friuli, Gisulf, instalou um *patriarca* separado em Aquileia. Por outro lado, a tradição aquileia, relatada através das actas do concílio de Mantova de 6 de junho de 827, sustenta que o aparecimento de Grado foi o resultado da vontade dos gregos, ou seja, do lado imperial.[209]

A questão é realmente intrigante, mas também importante, porque pode determinar princípios de política tanto do lado imperial como dos Lombardos. A credibilidade das antigas crónicas venezianas tem sido frequentemente posta em causa, mas, neste caso, a sua avaliação parece mais credível vista pelo seu valor facial. O texto relevante é o seguinte '*per consensum Agiulfi regis Langobardorum Gisulfus dux per vim episcopum in Foroiulii ordinavit Iohannem abbatem.*"[210] Ao contrário de Azzara, que atribui a Agilulf a iniciativa, parece que esta foi de Gisulf e que o rei simplesmente consentiu. Durante um período de paz, ou pelo menos de paz em perspetiva, o rei não teria motivos para ofender os bizantinos através de um envolvimento pessoal na consagração de João como *patriarca* de Aquileia. Mas é claro que os lombardos tinham todas as razões para tolerar a existência de um patriarcado tricapitolino na sua base original. No entanto, Gisulf, no seu próprio direito territorial, podia empreender esta ação sem violar o acordo geral, de que Fócas tanto necessitava, antecipando novos e mais catastróficos ataques persas. Não há dúvida de que era necessário o consentimento do rei, mas havia pouca margem para protestos, quer de Constantinopla, quer de Roma. Este ponto é assinalado por Azzara,[211] , que refere o facto de que, uma vez que Grado estava nas mãos dos bizantinos, não havia nada que Agilulf pudesse fazer para alterar a situação. Mas será que ele queria mesmo provocar os bizantinos em tempo de paz? Em contrapartida, a tradição aquileia, tal como consta das actas de um concílio realizado em Mantova em 827 pelos bispos do norte de Itália, sustenta que a consagração do católico Candidianus como *patriarca* da nova Aquileia = Grado, foi o resultado de uma feroz perseguição por parte das forças imperiais que, em vez de permitirem o regresso da população a Aquileia, a obrigaram a mudar-se para Ravena: *Et miseri suffraganei aecclesiae nostrae, scilicet episcopi Histriae, cum summa vi et necessitate a Gradensi castro Ravennam compulsione districtissima ducebantur Grecorum necnon inibi loquendi licentia negabatur.*[212]

O século VIII e início do século IX é precisamente a época em que o papado procura minimizar os direitos de Bizâncio em Itália e não há dúvida de que as actas do concílio, em que aliás não participa nenhum *patriarca* de Aquileia, ao citarem uma carta a Agilulf, procuram denegrir as autoridades bizantinas por terem expulsado a população para a fazer residir em Ravena. Felizmente, a carta original do *patriarca* João de Aquileia a Agilulf, datada de cerca de 607, sobrevive[213] e torna-se evidente que foram os sufragantes bispos da Ístria que foram arrastados para Ravena, onde sofreram todo o tipo de ameaças e dificuldades para reconhecerem o católico Candidianus, patriarca de Grado, como seu prelado. João procura o apoio do rei para impedir a eleição de um sucessor em Grado, após a morte de Candidiano. A tentativa não foi bem sucedida e, com a eleição de um novo *patriarca*, Epifânio, a existência paralela de dois *patriarcados* rivais ficou definitivamente concluída. No entanto, tornou-se claro que as autoridades imperiais estavam muito relutantes em tomar medidas severas contra os apoiantes dos Três Capítulos após o episódio de Severo. Grado já tinha mantido a primazia como nova Aquileia, e era certamente um lugar mais seguro para os refugiados de Aquileia se estabelecerem. Ao transferi-los para Ravena, a não ser para os proteger dos ataques dos Avares, o império

[208] Chazelle & Cubitt, 2007, 212.
[209] Chazelle & Cubitt, 2007, 216, n.12.
[210] *Chronica de singulis patriarchis nove Aquileie,* in *Cronache veneziane antichissime*, vol. I, ed. G. Monticolo, Fonti per la storia d'Italia pub. dall' Istituto storico italiano. G. Monticolo, Fonti per la storia d'Italia pub. dall' Istituto storico italiano. Scrittori, secoli X-XI (Roma: Forzani, 1890), pp. 3-16 (aqui 9). Cito o texto e a referência do artigo de Azzara em Chazelle & Cubitt, 2007, 216.
[211] Chazelle & Cubitt, 2007, 217.
[212] *Concilium Mantuanum* [em Concilia Aevi Karolini II], MGH Conc., 2.2, pág. 583-89, (aqui pág. 586).
[213] MGH Ep. III, 693.

podia correr o risco de evacuar o seu último posto de defesa no nordeste, cedendo indiretamente o seu centro católico rival. Afinal, Aquileia continuou a florescer como centro eclesiástico, o que significa que pelo menos uma parte da sua população regressou, enquanto Grado foi suficientemente povoada para formar o núcleo da futura Veneza. A existência paralela de Grado coincide com a conclusão do presente estudo. Mas o espetro político já tinha sido profundamente afetado pelo cisma, e tentar-se-á traçar algumas das divisões e consequências políticas nas páginas seguintes.

Não há informações diretas sobre os contactos entre Roma e os Ístrios durante os primeiros quinze anos, aproximadamente, após a invasão. Mas, como já foi salientado, esta situação alterou-se durante o pontificado de Pelágio II, que considerou necessário que todas as igrejas do Ocidente ficassem sob a direção de Roma. O tom da escrita de Gregório é visível nestas cartas, que apontam para um endurecimento gradual das atitudes papais, algo típico da abordagem de Pelágio, que, em vez de dar explicações francas aos istrianos, tentou "tecer um fio de retórica, emaranhando todas as questões numa teia de factos e ficção", o que era pouco convincente, como bem salienta Carole Straw.[214] A primeira carta, dirigida ao *patriarca* Hélias e aos outros bispos da Ístria, datada de 585,[215] é uma peça cuidadosamente montada, que visa obter a clemência papal e o desejo de reconciliação, chegando mesmo a estar disposta a convocar um sínodo especial para explicar por que razão a condenação dos Três Capítulos está de acordo com as decisões do concílio de Calcedónia. No entanto, é notável que ele evite discutir a fundamentação substancial do cerne do problema, concentrando-se sobretudo em citações patrísticas e na loucura da separação, instigada pelo demónio. Apesar das pretensões de humildade, é a infalibilidade de Roma que constitui o alvo final. Mas o tom endurece no final, e o sínodo proposto é convocado para Ravena, certamente por razões de segurança, mas também porque o poder político do *exarca*, amigo do papa, poderia ser utilizado em caso de necessidade. Por fim, há uma referência à conclusão de um acordo de paz com os Lombardos. Este facto não se enquadra bem nas políticas posteriores de Authari e, como a formulação é bastante obscura, parece que se refere mais a um acordo local entre o *exarca* e algum poder ducal, e não central, que apenas provocou uma pausa temporária nas hostilidades.

A segunda e a terceira carta de Pelágio a Helias e aos Ístrios[216] são de natureza teológica mais elaborada e baseiam-se muito em citações destinadas a provar a falsa e vã tentativa dos Ístrios de manterem a sua separação de Roma. São insinuadas ameaças cobiçadas e o tom conduz a um forte apelo do Papa para que se arrependam. Em comparação com a primeira carta, torna-se muito menos conciliador, mas considerando que tinha sido recebida uma resposta negativa, a chancelaria papal fez uma tentativa muito mais minuciosa de apresentar a sua posição errónea no contexto teológico e patrístico. Mas, ao mesmo tempo, há que ter em conta que não é expressa mais nenhuma palavra de sínodo, prevalecendo uma atitude de "pegar ou largar". O tom torna-se dramático quando ele lhes pede que preservem a unidade eclesiástica, mas, na realidade, torna-se óbvio que ele não está preparado para lhes conceder nada. Assim, torna-se claro que ele está a seguir o caminho que conduz à força final, como aconteceu em 591.

Há pouca mudança no tom das cartas enviadas durante o pontificado de Gregório sobre o mesmo assunto, o que é uma forte indicação de que ele foi o compositor das cartas enviadas por Pelágio II. Carole Straw analisou a argumentação teológica de Gregório,[217] apenas para concluir que as suas bases teológicas estão longe de ser sólidas e sólidas, incluindo alguns argumentos sólidos e muita leitura errada e deturpação de actos de concílios anteriores, enquanto ele só está disposto a ceder pontos menores aos seus adversários, mesmo usando ameaças cobiçadas. Não há maneira de Roma sucumbir aos desejos doutrinários dos bispos da Ístria. São eles que, por amor a Cristo e à sua Igreja, devem ceder. Mas não faltam referências a repercussões políticas e é com esse objetivo que devemos passar agora às cartas propriamente ditas.

Só em julho de 592, como datado por Norberg, mas talvez mais provavelmente em julho de 591, é que é feita uma referência clara às consequências políticas do cisma.[218] Escrevendo ao arcebispo João de

---

[214] Straw, [in Chazelle & Cubitt, 2007], 122.
[215] MGH Ep. II, 442-49.
[216] MGH Ep. II, 249-67.
[217] Chazelle & Cubitt, 2007, 1221-58.
[218] Norberg, II 38, 124, 116-23.

Ravena, o papa apoia a sua firmeza na relação com os bispos da Ístria, incluindo Severo, *patriarca* de Aquileia. O Papa estava ciente da proibição de Maurício de levar os Ístrios para Roma e encoraja João a manter-se firme. Mas Gregório persiste em seguir uma política não-provocatória em relação às autoridades bizantinas, o que significa que esperava que uma combinação de admoestação e força levasse ao restabelecimento da comunhão, algo que foi temporariamente conseguido entre os Ístrios e João. Uma vez que Severo estava de volta à sua diocese na altura em que se realizou o concílio de Marano, ainda em 591, as admoestações do papa a João não podem ter qualquer sentido se forem dirigidas em 592, ou seja, após o regresso de Severo de Ravena.

Uma carta datada de agosto de 592[219] dirige-se a alguns bispos não nomeados e regressa a um tratamento teológico na sua tentativa de restaurar a unidade. O tom é conciliador, mas firme na sua posição, e dificilmente se entrega às refutações que Pelágio II usou nas suas tentativas de pôr fim ao cisma. É muito provável que o papa se dirija a bispos menores, já que este discurso parece inadequado para os principais defensores do cisma, especialmente após o episódio da detenção de Severo.

A moderação papal pode ainda ser vista na famosa carta dirigida ao seu amigo, o arcebispo de Milão, Constâncio, a quem é mais tolerante em relação às suas simpatias tricapitolinas. Parece que o bispo de Brescia, ao contrário dos seus colegas do norte, era um apoiante da condenação dos Três Capítulos, e, sabendo que Constâncio também é um apoiante moderado dos mesmos, pede que não se espere dele nenhuma condenação, mas também nenhuma condenação de nada que não tenha sido condenado pelo concílio de Calcedónia.[220] Obviamente, o papa quer manter a paz com a igreja de Milão, cujo arcebispo, partidário moderado dos Três Capítulos e residente em Génova, não era reconhecido em comunhão por Teudelinda, embora existissem certamente canais de comunicação entre eles, e o papa, atento a eles, considerava conveniente encorajar alguma tolerância em relação às tendências tricapitolinas da igreja milanesa, que em breve se alinharia com Roma. Foi por esta razão que o papa teve necessidade de escrever uma carta pessoal à rainha lombarda Teudelinda, em julho de 595[221] , exortando-a a fechar os ouvidos aos conselhos maliciosos de vários homens e a aceitar a comunhão com Constâncio. Não parece haver razão para sugerir que a crítica seja dirigida a Secundo, mas sim à sua recusa em reconhecer a reconciliação entre o papado e a igreja de Milão. É claro que havia razões políticas em jogo, como o reconhecimento de uma representação eclesiástica legal de Milão a partir da Génova bizantina, algo que a corte lombarda queria obviamente evitar a todo o custo. É difícil dizer se o bispo de Trento, Secundus, foi de facto responsável pela atitude da rainha. No entanto, os acontecimentos posteriores sugerem que Secundus era mais moderado na sua atitude em relação ao papado do que habitualmente se afirma, como já foi referido.

---

[219] Norberg, II 43, 131-32.
[220] Norberg, IV 37, 256-57, l. 1-18.
[221] Norberg, V 52, 347-48.

CONCLUSÃO

Os primeiros anos da presença lombarda em Itália são de importância crucial para o seu futuro, porque coincidem com uma época de declínio da capacidade do império para defender sozinho os seus territórios ocidentais, com a devolução do poder a vários funcionários que competiam entre si ou com o imperador, com o aumento do poder e das ambições do papado e com a tentativa dos lombardos de encontrarem uma nova identidade como italianos e não como uma tribo alemã.

As condições estavam longe de ser ideais em 568, quando ocorreu a invasão lombarda, e a Itália ainda estava a passar pelo longo e doloroso processo de restauração da sua integridade, desta vez não como território central, mas como uma distante província imperial. A estagnação económica, um senado debilitado, as divisões políticas e eclesiásticas, tudo isto contribuía para um cocktail de incoerência. Mesmo assim, é injusto acusar o governo central de negligência, mas sim de falta de competência na sua tentativa de compreender as realidades locais. Isto não significa que o advento dos Lombardos pudesse de alguma forma ser antecipado, uma vez que foi causado por uma mistura de dificuldades económicas na Panónia e pela presença bastante desconfortável dos Avares como aliados poderosos e precários. O real e o fabuloso foram entrelaçados nas fontes, com Narses, o governador geral de Itália, a ser transformado em bode expiatório, uma vez que foi responsabilizado por chamar os Lombardos a invadir a Itália.

O início da invasão lombarda é caracterizado pelo seu rápido avanço no norte e centro de Itália e pelo seu objetivo de evitar a captura das zonas marítimas, concentrando-se no controlo das principais passagens estratégicas. O objetivo dos principais protagonistas está longe de ser claro. A administração imperial sentia obviamente que possuía a força de um confronto direto. O ponto culminante desta abordagem foi a derrota de *César* Baduário em 576 e o envolvimento gradual dos francos, cujas divisões e ambições causaram mais problemas do que ajuda. Esta abordagem permitiu também uma margem de manobra aos Lombardos, que conseguiram sobreviver às contínuas incursões francas. Ao mesmo tempo, as acções dos reis lombardos devem ser consideradas como parte da sua política externa e interna. Assim, a personalidade do rei invasor Alboin (antes de 568-572) não é como se pensa, apenas como um governante guerreiro capaz. Durante a fase inicial da invasão, procurou garantir a paz e o reconhecimento da presença lombarda, enquanto a sua coroação como rei de Itália visava assegurar o seu controlo sobre os duques lombardos, em vez de antagonizar os bizantinos. A sua morte trágica, às mãos de Rosamundo e do seu amante, anulou a possibilidade de um acordo que só Alboim conseguiu alcançar com os bizantinos.

O curto reinado de Cléfis (provavelmente 572-4) é muito pouco retratado, mas há pouco em termos de algum tipo de acordo, com os lombardos e os bizantinos a endurecerem as suas posições. Esta situação tornou-se ainda mais evidente durante os anos do *interregno*
após o assassinato de Cléofo (574-84), quando a presença franca, em assistência nominal aos bizantinos, se torna cada vez mais evidente. O desastre de 576, as contínuas incursões francas, a formação do *exarcado* nos territórios bizantinos no final deste período e o avanço lombardo para sul caracterizam a complexa situação. A personalidade emergente do imperador Maurício (582-602) revelou-se tão dinâmica na frente italiana como noutras partes do império. Mas Maurício não se baseou tanto em combates militares diretos, mas sim em meios diplomáticos, empregando tanto francos como papas, melhorando a administração central e encorajando o combate regional em vez do combate geral. O seu adversário lombardo foi, inicialmente, o jovem filho de Cléofo, Authari (584-90), que se revelou mais um homem de ação do que um administrador. Tal como o seu pai, era um acérrimo defensor do arianismo, mas o seu reinado coincide com o aparecimento da princesa bávara católica Teudelinda como sua esposa e com o aparecimento do papa Pelágio II (579-90) em Roma, que inicia seriamente o duplo confronto com os lombardos que sitiam a cidade eterna e com os adversários espirituais do papado, partidários dos Três Capítulos, que conseguiram provocar um cisma no norte de Itália. Authari é, talvez, o governante mais injustamente julgado, porque parece ter sido capaz e ter conseguido trazer estabilidade ao Estado Lombardo, no entanto o seu curto governo está mal coberto, e é ainda menos refletido do que o seu antecessor Alboin, cujos detalhes das acções nos permitem tirar algumas conclusões sobre o seu carácter.

Graças à correspondência do papa Gregório Magno (590-604), o reinado do segundo marido de

Teudelinda, o duque de Turim Agilulf (590-616), é um dos mais conhecidos, embora o aparecimento do rei seja irregular. A rainha pôde exercer uma política pró-católica, o que levou muitos estudiosos a considerar que o rei se converteu ao catolicismo, o que é claramente errado, como revela o testemunho do próprio Gregório. Ao contrário dos reinados anteriores, o governo de Agilulf é preenchido com períodos intercambiáveis de guerra e paz, tréguas e conflitos regionais, e iniciativas papais, como a de Roma em 593, que salvaguardaram áreas específicas. Apesar da situação difícil em que se encontravam, os bizantinos não se apressaram a seguir a iniciativa do papa para garantir o alívio da cidade eterna e uma paz local. O próprio rei parece ter sido favorável à paz, mas teve de lutar muito para assegurar o controlo dos seus duques, em grande parte turbulentos, enquanto Maurício não mantinha as melhores relações com o Papa. Só em 598 é que o novo *exarca* Calinicus aceitou uma paz geral. As coisas mudaram quando o imperador foi derrubado por Focas (602-10), que precisava de paz com os Lombardos. Este facto levou ao seu reconhecimento como entidade em solo italiano, com a receção dos seus embaixadores em Constantinopla, em 608. Isto foi possível graças à tolerância do rei para com o catolicismo, que culminou com o batismo católico do seu herdeiro Adaloald, em 603.

Simultaneamente com a luta contra os Lombardos, estava a decorrer uma discórdia eclesiástica interna sobre a questão dos Três Capítulos. Isto provocou a interrupção da comunhão dos partidários dos Três Capítulos no norte de Itália, a partir de Roma. Ístria e Aquileia continuaram a ser os seus redutos e tanto Pelágio como, sobretudo, Gregório não pouparam esforços para os isolar. A maioria dos bispos capitulou gradualmente. No entanto, foi a simpatia tricapitolina da rainha que constituiu motivo de grande preocupação para o papa, em grande parte atribuída ao seu mentor Secundus, bispo de Trento. Como as relações melhoraram e o papa foi notificado e manifestou alegria pelo batismo de Adaloald, Secundus deve ser considerado um cismático moderado e não extremo. O papa não viveria para ver os seus esforços serem bem sucedidos no final do século VII.

BIBLIOGRAFIA

1. Fontes primárias

Agnellus (qui et Andreas) abbas et presbyter Ravennas, MGH SS rer. Lang.
Andreas Pergamensis, *Historia*, ed. Georg Waitz, (MGH SS rer. Lang.), Hannover 1878, pág. 222-30.
Auctarii Havniensis Extrema, ed. T. Mommsen, (MGH AA, ix) Berlim 1892, pág. 3379.
Catalogus ducum Beneventanorum e cod. Sanctae Sophiae Beneventanae (-1085), MGH SS 3.
Concilium Mantuanum [in concilia Aevi Karolini II], ed. A. Werminghoff. A. Werminghoff, (MGH Conc., 2.2), Hannover 1908 , pag. 583-89.
Constantini Porphyrogenniti, *De Administrando imperio*, ed. G. Moravcsik, R. H. J. Jenkins, vol. 1: texto e tradução [*Corpus Fontium Historiae Byzantinae I]*, Washington D.C. 1967 G. Moravcsik, R. H. J. Jenkins, vol. 1: texto e tradução [Corpus Fontium Historiae Byzantinae I], Washington, D.C., 1967, vol. 2: Comentário, Londres, 1962.
Chronicon ducum Beneventi, Salerni, Capuae et Neapolis (518-649), MGH SS 3.
Chronicon Sancti Benedicti Casinensis, ed. Georg Waitz, (MGH SS rer. Lang.), Hannover 1878, pág. 468-488.
Ekkehardus monachus Uraugiensis, *Chronicon universale* (-1225), ed. G. Waitz (MGH SS 6), Hannover 1844, cap. G. Waitz, (MGH SS 6), Hannover 1844, cap. 8-11, pág. 33-265.
Epistulae Austrasiacae ed. O. Gundlach, (MGH Ep. 3), Hannover 1888, 120sq.
Flavii Cresconii Corippi, *In laudem Iustini Augusti Minoris*, ed. Averil Cameron. Averil Cameron, Londres, 1976.
Fredegarius Scholasticus, *Chronicarum* libri IV, ed. B. Krusch (MGH SS rer. Merov. 2), Hannover 1888.
Johannes Biclarensis, *Chronica*, MGH AA 13, Chronica Minora, ed. Th. Mommsen, Berlim, 1892.
Historia Langobardorum Codicis Gothani, ed. Georg Waitz, (MGH SS rer. Lang.), Hannover 1878, pág. 222-30.
The History of Menander the Guardsman, ed. R. C. Blockley, [ARCA], Liverpool University Press, Liverpool, 1985.
Iohannes Diaconus, *Chronicon Venetum*, MGH SS 7.
Ionas, *Vitae Columbani libri II*, ed. B. Krusch, (MGH SS rer. Germ. 37, 1905), pag. 144-294.
Origo Gentis Langobardorum, ed. Annalisa Bracciotti, Biblioteca di cultura Romanobarbarica 2, (Roma 1998).
Norberg D., P. *Gregorii Magni Registrum Epistularum*, vol. 1-2, [Corpus Christianorum CXL, série Latina], Brepols, Louvain, 1982.
Paulus Diaconus, *Historia Langobardorum*, ed. G. Waitz, (MGH SS rer. Germ. 48) Hannover 1878. G. Waitz, (MGH SS rer. Germ. 48) Hannover, 1878.
Procopii Caesariensis, *De Bello Gottico*, ed. G. Wirth (post J. Haury), Procopii Caesariensis opera omnia, vol. 2, Teubner, Leipzig 1963. G. Wirth (post J. Haury), Procopii Caesariensis opera omnia, vol. 2, Teubner, Leipzig 1963.
-- *Historia arcana* (*Anecdota*), ed. G. Wirth (post J. Haury), Procopii Caesariensis opera omnia, vol. 3, Teubner, Leipzig 1963, pag. 4-186.
Regino Prumiensis Chronicon, ed. F. Kurze, (MGH SS rer. Germ. 50, 1890.
Teófanes, *Chronographia*, ed. C. de Boor, 2 vols. (Leipzig, 1883).
Theophylact Simocatta, *Historiae*, ed. C. de Boor (nova ed. revista por P. Wirth, Estugarda, 1972).

2. Literatura secundária

Antonopoulos P., O reinado de Cunincpert. Saga, realidade, estabilidade e progresso no Estado Lombardo de Pavia no final do século VII. (Porphyrogenitus Ltd.), Londres, 2010.
Azzara C., Il regno longobardo in Italia e i Tre Capitoli, [in Chazelle e Cubitt, 2007], 209-222.
Barrett G. & Woudhuysen G., Assembling the Austrasian Letters at Trier and Lorsch, [*EME* 24/1], (2016), 3-57.
Bertolini O., I papi e le relazioni politiche de Roma con i ducati langobardi di Spoleto e Benevento, [*Rivista di storia della Chiesa in Italia* 6], (1952) 1-46.

Bognetti G. P., L' eta longobarda, 4 vols. (Milão, 1966-1968).
Brown T.S., Gentlemen and officers: imperial administration and aristocratic power in Byzantine Italy, A.D. 544-800, Londres, 1984.
Butler F., A Woman of Words: Pagan Ol'ga in the Mirror of Germanic Europe Author [*Slavic Review*, 63/4] (2004), 771-793.
Chazelle C. & Cubitt C. (eds.), The Crisis of the Ecumene: The Three Chapters and the Failed quest for unity, Turnhout, Brepols 2007.
Christie N., Byzantine Liguria: An Imperial Province against the Longobards, A.D. 568-643, [*Papers of the British School at Rome* 58], (1990), 229-271.
Christie N., The Lombards, Oxford University Press, (Oxford, 1995).
Christou K.P., Byzanz und die Langobarden. Von der Ansiedlung in Pannonien bis zur Anerkennung (500-680), Historical Monographs 11 (Atenas, 1991).
Dick S., Langobardische Herrschaft und langobardische Identitäten in Italien, [Die Langobarden: Herrschaft und Identität], Viena 2005, 335-342.
Everett N., Literacy in Lombard Italy c. 568-774, [Cambridge Studies in Medieval Life and Thought 53] (Cambridge, 2003).
Fanning, S.C., Lombard Arianism reconsidered, [*Speculum* 56/2] (1981), 241-58.
Fasoli G., Che cosa sappiamo delle citta italiane nell' Alto Medio Evo [*Vierteljahrschrift für Sozial-und Wirtschaftsgeschichte*, 47. Bd., H. 3] (Viena 1960), 289-305.
Gasparri S., I duchi longobardi, (Roma, 1979).
Garland L., Byzantine Empresses: Women and Power in Byzantium, A.D. 527-1204, Routledge, Londres 1999.
Goffart W., Byzantine policy in the west under Tiberius I and Maurice: the pretenders Hermenegild and Gundovald (579-585), *Traditio*, 13 (1957), 73-118.
-- O Problema de Fredegar Reconsiderado*: Speculum,* 38/2 (1963), 206-41.
Ghosh S., The barbarian past in early medieval historical narrative, (tese de doutoramento não publicada), Centro de Estudos Medievais, Universidade de Toronto, 2009.
Haubrichs W., Amalgamierung und Identität: Langobardische Personennamen in Mythos und Herrschaft. [Die Langobarden: Herrschaft und Identität], Viena 2005, 67-102.
Jarnut J., Gens, rex and regnum of the Lombards, [in H. W. Guetz, J. Jarnut and W. Pohl (eds.), Regna and Gentes: The Relationship between Late Antique and Early Medieval Peoples and Kingdoms] [The Transformation of the Roman World 13], (Brill, Leyden 2003).
Keenan J. G., The Names Flavius and Aurelius as Status Designations in Later Roman Egypt, *Zeitschrift für Papyrologie und Epigraphie* 11, 1983, 33-63.
Markus R., Gregório Magno e o seu mundo. Cambridge, 1997.
Martindale J. (ed.), The Prosopography of the Later Roman Empire, vol. III, A.D. 527-565, Cambridge, 1992.
Meier M., Kaiser Phokas (602-610) als Erinnerungsproblem, [*BZ* 107/1], (2014), 139-74.
Mitchell K. & Wood I., The World of Gregory of Tours. Brill, Boston 2002.
Pohl W., Heresy in Secundus and Paul the Deacon, [em Chazelle & Cubitt, 2007], 241-264.
Salway B., What's in a Name? A Survey of Roman Onomastic Practice from c. 700 B.C. to A.D. 700 [*The Journal of Roman Studies*, 84], (1994), 124-145.
Sarantis A., War and Diplomacy in Pannonia and the Northwest Balkans during the Reign of Justinian, [*Dumbarton Oaks Papers* 63], (2011), 15-40.
Schlosser F., The Exarchates of Africa and Italy, [*JÖB* 53], (2003), 27-45.
Sotinel C., Os Três Capítulos e as Transformações de Itália, [in Chazelle & Cubitt, 2007], 85-120.Straw C., Much a do About Nothing: Gregory the Great's Apology to the Istrians, [in Chazelle & Cubitt, 2007], 121-160.
Verduchi P., Columna Phocae, [Lexicon Topographicum Urbis Romae 1] Roma, 1993, 307.
Wagner N., Alboin bei Thorisind, *Zeitschrift für deutsches Altertum und deutsche Literatur*, 111, H. 4 (4º trimestre de 1982), 243-255.
-- *...ex genere beleos,* in: *Beiträge zur Namenforschung*, Neue Folge 17 (1982) 291304.
Whitby M., The emperor Maurice and his historian: Theophylact Simocatta on Persian and Balkan Warfare, Clarendon Press, Oxford, 1988.
Wickham C., Early Mediaeval Italy: Central Power and Local society, 400-1000 (Londres e Basingstoke, 1981).
Wood I., The Merovingian Kingdoms 450-751, Londres, Nova Iorque, 1994.

MIX
Papier aus verantwortungsvollen Quellen
Paper from responsible sources
FSC® C105338

Printed by Books on Demand GmbH, Norderstedt / Germany